Qué [no] es el cine

Alberto Adsuara

www.archivosvola.es

ISBN: 978-84-129820-7-7
Depósito legal: M-21374-2025

Impreso en España

Índice

Introducción

Nadie puede poner en duda que la actual oferta audiovisual es ingente, diríamos que mostrenca. Tanto que hay mucha gente que colapsa cuando acude a una de las muchas plataformas –creadas para dar salida a esa oferta– con la intención de buscar una película, y lo hace precisamente debido a la desmesura. De hecho, cuando las plataformas detectan muchas dudas en el potencial espectador salta una ventana en la aplicación que se ofrece a ayudar en la elección. Circunstancia que describe a la perfección el nivel cuantitativo de la oferta y el grado de compulsión –y de sentido de pérdida– del sujeto del hoy.

Surge entonces la pregunta, ¿por qué vemos tanto cine? Si bien es cierto que la pregunta se encontraría mejor formulada de esta otra forma: ¿por qué necesitamos ver tanto cine?

Este libro contiene la compilación de 4 conferencias que tratan, no tanto de responder a esa pregunta, que también, cuanto de entender la significancia del cine en este presente en marcha tan distinto del de un pasado reciente que podríamos situar definitivamente como el anterior a las fechas de la caída de Lehmann Brothers y la irrupción definitiva de las RRSS (Twitter, Facebook, Youtube e Instagram) (2007). Si bien es cierto que esa sensación de *cambio de era* se acrecentó después con el nacimiento de los movimientos de los Indignados (2011), el nacimiento del *Black Live Matters* (2013) y se consolidó con el movimiento *Me Too* (2017) y las tesis del cambio climático.

No pretendemos resolver el *problema* de la actual bulimia audiovisual, pero sí al menos encontrar ciertas claves que nos sitúen en el aproximado conocimiento y relativo entendimiento de sus causas, algo que se intenta dilucidar en el primer capítulo, "Por qué vemos cine".

Lo cierto es que ya no podemos pensar en esa bulimia audiovisual con los parámetros ambiguos de la irrupción del *mutantismo*, ni con la residual y anacrónica metodología de la crítica cinematográfica, ni con las grandilocuencias de muchas de la(s) Grandes Teoría(s), interesante(s) pero obsoleta(s), ni con los prejuicios inculcados por un Sistema Universitario corrupto que lleva años arrodillado ante sus "clientes" y la ideología cultural dominante. Es precisamente este anacronismo de las élites culturales –digamos que especializadas– lo que confiere a tantos textos y a tantos proyectos editoriales recientes un cierto aire de obsolescencia precoz.

Si en última instancia se trata de aprender algo de nosotros mismos con el fin de mejorar la forma de imaginarnos a través del cine debemos orillar la autocomplacencia de formas anquilosadas y proponer discursos y metodologías que puedan atraer a nuevas generaciones dándoles poco o nada de lo que esperan o demandan.[1] Si queremos que el cine pueda volver a ser materia de pensamiento más allá de las cansinas propuestas de los Estudios Culturales harán falta discursos disruptivos y metodologías heterodoxas que les ayuden a enfrentarse a esa bulimia que les habita –y consume– pero de la que nada saben. Y entendemos la bulimia como un problema de salud, precisamente porque se trata de una consuetudinaria anomalía macro-consumista que les impide elaborar juicios de valor mínimamente productivos desde el punto de vista del autoconocimiento.

No podemos olvidar que haber dado a los jóvenes todo lo que querían durante tanto tiempo (desde Bolonia con cierta prudencia y desde 2011 con intensidad y desmesu-

1. En este sentido sale a relucir mi condición de profesor de Artes Visuales desde hace casi 40 años y mi opinión respecto la actitud de unos estudiantes que han ido reconduciendo sus exigencias estudiantiles hacia lo puramente práctico, mostrando un absoluto desprecio hacia el Pensamiento y la Teoría.

ra) ha sido determinante en esa general incultura real –no visual– que padecen y que se complementa con la patología de la cinefagia compulsiva e indiscriminada. Y tampoco debemos ignorar que la propuesta analítico/textual que durante estos años ha intentado formarles ha estado caracterizada –mayoritariamente– por una tendencia ideológico/cultural tan concreta como determinante.

Y todo sin olvidarnos de la incansable ayuda que les proporciona un internet que, en sus estudiantiles *investigaciones* (sic), les ayuda a evitar la densidad conceptual de cualquier libro;[2] por no insistir en la inestimable ayuda servida por un Sistema Universitario, ya mencionado, siempre dispuesto a evitar el conocimiento verdadero y a proporcionar un conocimiento sesgado y sectario, además de débil.

Es decir, y por adelantar la tesis del libro: más allá de exigir el conocimiento que deviene de los imprescindibles textos canónicos quizá sea éste el momento de reflexionar acerca de las formas que deberían adoptar las nuevas retóricas que aborden el hecho cinematográfico, tanto en la Crítica como en la Enseñanza; quizá, a nuestro juicio, más tendentes a un cierto materialismo[3] analítico que se aleje

2. Llevan años sustituyendo los libros por documentales y tutoriales de youtube, y por textos de dudosa procedencia, pero la cosa se desbarata absolutamente con la irrupción de la I.A.
3. Nos despegamos aquí de cualquier connotación marxista o filosó-

definitivamente de la ideología, o que al menos la desborde con la originalidad del contenido o la excelencia formal (exigencia cada vez más en desuso, más ahora con la irrupción de la I.A.); un materialismo que posponga *ad libitum* la apreciación y la evaluación de los films; es decir, un materialismo objetivista que huya de la adjetivación vinculada –en la medida de lo posible– a la evaluación; un materialismo analítico/textual que tenga claro que lo personal no es político; un materialismo textual por tanto que enfatice la individualidad del sujeto que se expresa en términos de análisis o crítica; un materialismo que entienda la búsqueda de sentido como el producto de un trabajo voluntarioso y laborioso (que exige visionados múltiples del objeto de análisis); un materialismo *subjetivo* que entienda ese ejercicio analítico personal como una propuesta inductiva antes que como una demostración de ideas previas y/o establecidas por una suerte de ceremonia del consenso. En efecto, que sea –deba ser– personal la propuesta analítica es perfectamente compatible con la inducción en tanto que metodología basada en la materialidad del artefacto objeto del análisis; así, un materialismo poco contemporáneo, realmente disruptivo, sobre

fica del término. Con él sólo queremos hacer referencia al materialismo entendido como interés máximo en la propia materia como contraposición al idealismo alemán en general y al hegeliano en particular.

todo en lo que a las tendencias del presente continuo se refiere. Así: un *materialismo objetivista subjetivo*[4] ajeno a las modas, tanto cinematográficas como textuales (críticas, reseñas, ensayos, análisis, exégesis); un materialismo analítico-textual, en definitiva, que se aleje por completo de la Industria Cultural (Productoras, Premios, Plataformas, Academias, Festivales, gremios y asociaciones de todo pelaje) monopolizada por el pensamiento único de la Corrección Política subsumida por el *Zeitgeist* progresista.

Después estaría el asunto de la relación que mantiene el cine con el Arte, que impregna todos los textos del presente libro. Nuestra pregunta sería, ¿qué puede tener que ver el Cine, esa disciplina técnico/poética que produce artefactos poético/simbólicos con el Arte, ese concepto que nadie sabe acotar ni definir, o mejor, para el que hay una definición por individuo?

En todo caso, y si nos atenemos al problema medular que contiene el concepto Arte en tanto que aglutinador de todo lo hecho por Hombre para trascender su naturaleza finita (y esto no es una definición concluyente ni mucho menos sino una forma de solventar momentáneamente el problema fundamental de la definición del concepto, su falta de realismo, su falta de anclaje real al mundo lingüís-

---

4. Espero desentrañar al final del libro esta suerte de pretencioso título de la propuesta metodológica.

tico más prosaico), la pregunta podía ser: ¿tiene el Cine alguna posibilidad de ser entendido como Arte? De ser cierto, ¿qué significaría? Es decir, ¿qué ganaría el Cine siendo asociado a… la pintura al óleo… o a la danza… o a la poesía? ¿Qué significa en definitiva "ser arte"? O lo que sería lo mismo pero dicho en grado más cínico, ¿qué sería "no ser arte"? ¿En qué afectaría al Cine la posibilidad de ser –o no– Arte?[5]

Por último, se especulará acerca de cuál debería ser la función del comentarista cinematográfico en cualquiera de sus grados y circunstancias.

---

5. Se trata de una pregunta que pudiera parecer un tanto desfasada, pero lo cierto es que no deja de impregnar miles de discursos de forma implícita cuando no directamente explícita. La verdad es que se trata de una cuestión que proviene desde el mismo origen del cine y que no ha dejado de estar presente a lo largo de todo el siglo XX (desde los primeros grandes directores americanos hasta los libros enciclopédicos de los años 70 y continuando con los representantes de Escuelas Filosóficas con Sistema propio - Gustavo Bueno-, así como en líneas editoriales de revistas especializadas que puntualmente o admiten la controversia o la zanjan de forma implícita. Lo cierto es que la gran mayoría de supuestos expertos se sigue ajustando a la clasificación platónica, cuando no a la hegeliana. Y además, como si nada de lo acaecido en estos últimos 20 años hubiera sucedido.

Por qué vemos cine

Aunque quizá debimos decir, *Por qué vemos tanto cine*.

¿A qué se va al cine? Esa es la pregunta: ¿a qué se va al cine? (Aunque en tiempos digitales la pregunta bien pudiera ser esta otra: ¿por qué se ve tanto cine? ¿Por qué vemos tanto cine?)

Seguro que muchos de ustedes han tardado en contestar... y es que la pregunta no es tan fácil de contestar como pudiera parecer. Quizá la pregunta no se encuentre bien formulada del todo, precisamente porque podría llevarnos a confusión el carácter definitivamente promiscuo del medio cinematográfico, que es un medio que permite ver la misma película en miles de lugares distintos. Además, una película puede ser vista por millones de personas simultáneamente. Podemos ver una película en el cine, claro, pero también en un tren, en un avión, ¡en casa!, en el apartamento de la playa, en un hotel, en la cama o en el mismísimo cuarto de baño. Por eso les formulo ahora otra pregunta: ¿a qué se va a un Museo de Arte Contemporáneo?

¿A que ahora la pregunta contiene otras connotaciones? De hecho, a un Museo de Arte Contemporáneo o se va o no se puede disfrutar de él mientras que el cine puede verse casi en cualquier sitio, y más con las nuevas tecnologías. Pero cuidado, hemos dicho disfrutar y quizá nos hayamos precipitado. Porque, ¿es a eso a lo que se va a un Museo de Arte Contemporáneo, a disfrutar? ¿O no? ¿A qué se va a un Museo? Piensen. ¿Se va a disfrutar de los objetos que contiene? ¿O Se va a aprender? Supongo que una respuesta generalizada sería que se va con la expectativa de disfrutar y con la intención de aprender. Se va, en definitiva, a obtener una experiencia estética. La cuestión es que o vas y entras en el edificio que contiene los objetos artísticos o no obtienes la posibilidad ni de disfrutar ni de aprender. Hay que ir. Que por eso hay tanta gente que no va a Museos, y sin embargo todos ven cine. Y denle al "todos" la innegable importancia que posee en lo que es una afirmación contundente.

Así que reformulo la primera pregunta: ¿por qué vemos constantemente películas –aunque no vayamos al cine– y sin embargo al Museo sólo vamos... cuando vamos?

¿Qué hay detrás de esa costumbre de ver películas de forma constante y pertinaz? Lo que parece claro es que ir a Museos no parece contener esa peculiar *exigencia*, esa que implica (a) la *necesidad*. Todo indica que se trata de una *necesidad*. Eso al menos dicen los números, que no engañan. Parece ser que ver cine es una *necesidad*, es algo que te *pide el cuerpo*, mientras que ir a un museo es, de alguna forma, algo de lo que se puede prescindir.

La cuestión es que hemos hecho dos preguntas y una de ellas ha necesitado ser reformulada, así que reformulemos también la segunda; se trata de distinguir dos tipos de acciones, dos tipos de preguntas:

Acción A: Ir al cine

¿Por qué vamos al cine? -> ¿Por qué vemos películas constantemente?

Acción B: Ir a un Museo

¿Por qué vamos a un Museo? -> ¿Por qué vamos a ver objetos artísticos... sólo ocasional y puntualmente?

Más allá de toda respuesta instintiva basada en el asunto del desplazamiento podemos decir, antes que nada, que esta tesitura implica 3 confrontaciones respecto a los términos en cuestión:

1. Cine *vs.* Arte
2. Constantemente *vs.* Ocasionalmente
3. Masivo *vs.* Minoritario

Es cierto que la segunda de las acciones exige un desplazamiento y la primera ya no. ¿Pero sería esto lo que explicara esa diferencia de magnitud entre lo que es una constante frente a lo que es ocasional y puntual? No. Es cierto que ir a un Museo implica la necesidad de desplazamiento, pero poco tiene que ver ese condicionante con la desproporción que revelan los números; la acción de ver cine gana por goleada, en cualquier sujeto, a la acción de ver arte más o menos plástico, conceptual, etc.

El cine, pues y al parecer, como *necesidad vital* ya lo hemos dicho; una *necesidad* que además sería universal.

De tal forma que ahora podemos reformular de nuevo las preguntas:

¿Qué nos ofrece el cine para que se haya convertido en un hábito que ya podemos calificar de *necesario*? ¿Para qué vemos cine? ¿Para disfrutar?, ¿Para entretenernos? *¿Para emocionarnos?* ¿Para aprender? (esta última sería la respuesta que encontraría menos adeptos en una encuesta muy general)

¿Qué nos ofrece el Arte para no ser, tal y como hemos visto, más que una opción posible… casi sólo en domingos o en viajes turísticos? ¿Para qué vamos al Museo? ¿Para disfrutar? ¿Para aprender? ¿Para entretenernos? (esta última sería la respuesta que encontraría menos adeptos en una encuesta muy general).

La cuestión en todo caso no tendría tanto que ver con el qué es lo que nos ofrece (expectativas autogeneradas) cuanto con el qué nos da verdaderamente después de todo.

Quizá hayan contestado ustedes que van al cine "por entretenimiento" (quiero pensar que este libro no lo van a leer sólo los "especialistas"). De hecho, la mayoría de las veces que he hecho esa pregunta en mi entorno, me han contestado, no sin antes tardar en hacerlo, que ven películas para entretenerse. Esta es, guste o no, la respuesta masiva (volveremos sobre ello en el último capítulo).

Si acudimos a la R.A.E. y buscamos el término *entretener* corroboraremos lo que pueda haberse deducido de esa contestación tan unánime y lo haremos en la complementariedad de las 2 acepciones, sabiendo además que se trata de un verbo transitivo:

a. Distraer a alguien impidiéndole hacer algo
b. Hacer menos molesto y más llevadero algo

Como puede observarse, un claro componente negativo atufa las definiciones. Aplicado a nuestro caso podríamos decir que el cine es esa actividad que nos impide hacer algo, que nos impide hacer otra cosa, cualquier cosa. Que nos impide hacer algo, claro, que NO nos gusta hacer, o lo que es lo mismo, ver cine es lo que hacemos para dejar de hacer otras cosas... más *molestas*. Ver cine para que la vida sea más *llevadera*. Así, se trata de aliviarnos de lo negativo: "menos molesto", "más llevadero". Parece que el concepto *entretenimiento* estuviera vinculado al de *distracción* y por tanto lejos del de *aprendizaje*. Distracción entendida como vía de escape, y diríase que casi como terapia.

[Esto sólo por hacer referencia a una respuesta que lejos de ser unánime sí resulta mayoritaria en el pensar de esa mayoría demandada; una mayoría que siendo consumidora de abundante cine no se ha hecho nunca tal pregunta. En cualquier caso, esa respuesta mayoritaria no niega la posibilidad de que sea errónea incluso en aquellos que de forma asertiva aseguran que van al cine a eso, a entretenerse. Lo que desde luego no implica es que debamos entender el concepto *entretener* de forma peyorativa, ni debamos asignarle un carácter frívolo, más bien al contrario debemos entenderlo como una forma de ingenua sinceridad por parte de quienes no suelen reflexionar sobre la connotaciones existenciales de sus hábitos. Que otra cosa sería que la pregunta se hiciera a gente que ve con *normalidad*, por ejemplo, cine de Kiarostami, Tarr, Ozu, Weerasethakul, o Costa.]

En cualquier caso, ¿dónde quedarían entonces esas películas que de alguna forma nos lo hacen pasar mal: dramas, tragedias, terror? Es cierto que hay mucha gente que sólo busca películas de puro entretenimiento y por puro entretenimiento, pero todos sabemos que no existirían los géneros en la oferta si no fuera porque hay una fuerte demanda sobre ellos. Los dramas y los melodramas tienen siempre su público, y no precisamente minoritario, como las tragedias, e inclúyanse en éste género todas las películas distópicas que tanto gustan a las nuevas generaciones, películas de apocalipsis y colapsos; y el terror, ese género repleto de *followers* que buscan subir su índice de adrenalina pasándolo muchas veces mal. Lo que sucede es que incluso los que ven dramas angustiantes con naturalidad también dicen ver cine para entretenerse. Lo que no quiere decir que no les afecte, pero no por ello deja de ser una forma de entre-tenimiento, y cada uno lo piensa en función de sus intereses.

Dos cosas pues a modo de premisas: Primero, no está del todo claro lo que significa entretenerse cuando lo usamos para entender por qué el cine es una *necesidad*. Y segundo, tampoco está tan claro que se aprenda demasiado en las visitas a muchos museos y exposiciones. Porque, ¿aprender qué?

Y aquí deberíamos revisar el concepto *aprendizaje*: ¿qué significaría realmente aprender? ¿Qué aprende uno viendo, por ejemplo, *Silla con fieltro y grasa* de Joseph Beuys, o *Cuadrado negro sobre fondo blanco* de Malevich? A tenor de cómo se ha desarrollado el mundo del Arte y su Historia, quizá la pregunta se encuentre mal formulada; ante estas obras, en vez de preguntarnos *¿qué aprende uno ante ellas?*, quizá tengamos que preguntarnos *¿qué saberes previos debe tener uno para aprender algo de ellas?*[6]

¿No podría ser que fuera en ese saber previo que el mundo del arte exige al espectador donde estuviera la clave que le permitiera al espectador genérico aprender... si es que de eso se trataba?, sobre todo porque sabemos que el gusto, y aún menos el individual, nada tiene que ver con el Arte y su Historia, configurada, como veremos en el siguiente capítulo, por el esfuerzo persistente y extenuante del Espíritu Absoluto. Entonces ¿por qué llamar aprender a la consecuencia de haber visto esas obras si de lo que se trataba era de ir aprendido a verlas? Si se exigen saberes previos para poder admirar o gustar de la escultura o del cuadro, ¿qué es lo que nos queda para la contemplación? ¿Aprender más? ¿Aprender qué? Entonces, ¿cuánta ignorancia cultural debemos asignarnos, después de todo, si además de no gustarnos no nos han emocionado y no hemos aprendido nada? ¿Es que acaso las convenciones previas que se nos exigen para ver *un malevich* se parecen a las convenciones previas que se necesitan

6. Sobre este asunto y sobre el significado de lo que aquí llamamos "libro de instrucciones" ver canal de youtube *Cine-Materialismo*, concretamente el vídeo llamado "Qué no es el cine".

para ver *una* de Lars von Trier? ¿O era emoción lo que verdaderamente y en última instancia pretendían esas Obras que nos vienen dadas en nombre del Arte? Y ahora deberíamos volver a la pregunta inicial, ¿a qué se va a un Museo de Arte Contemporáneo?

De hecho, sabemos (¿) que a pesar de todo lo dicho, y más allá del aprender o del disfrutar, mucha gente asocia el concepto *Arte Contemporáneo* con la transmisión de emociones, ya saben ustedes, aunque sólo sea para evitar el engorroso coste vital que hace falta para ir aprendido al Museo, que por eso tanta gente dice que lo maravilloso del arte (plástico) es su capacidad para transmitir emociones… dejándose llevar… por lo perceptivo. Y no seremos nosotros quienes cuestionemos tal cosa a pesar de su puntito *naïf*, pero si así fuera no cabría fácilmente el discurso que exige los saberes obligatorios –impuestos por esa previa legitimación Institucional– ante lo realizado en nombre de la imaginación libre. La cuestión es que el espectador común de Arte Contemporáneo está hecho un lío, y lo está debido a las presiones que sufre desde la Institución, que acostumbra a llamar ignorante a todo aquel que no guste de *Silla con fieltro y grasa* de Joseph Beuys, por poner sólo un ejemplo entre los miles posibles.[7]

7. Para más información ver *Lo patético del Arte*, Alberto Adsuara, Ed. Casimiro.

En todo caso, ¿es ese saber que se nos exige a los espectadores una garantía para, por ejemplo, dejar de ver como feo y zafio ese algo mostrado desde la Institución Arte? No, definitivamente no. O por decirlo en modo afirmativo: el saber sobre algo no es garantía suficiente para gustar de ese algo. O por ejemplificar: conocer por ejemplo la historia de los movimientos conceptuales de finales de los 60 y conocer perfectamente la historia del Beuys aviador, no implica gustar de su obra *Silla con fieltro y grasa*.

Conjetura y demanda: si conocer el contexto histórico de un cuadro, si saber del contexto artístico del momento, si conocer la historia del arte lineal retrospectiva que ha dado lugar a ese cuadro, no ha servido para que aprendamos nada nuevo delante de él, ni tampoco nos ha servido para garantizar su disfrute, ni incluso para dejar de verlo feo (estéticamente) y zafio (técnicamente), ¿cuál debe ser nuestra posición ante él? ¿Cuál nuestra respuesta estética?

Lo que parecía claro hace tan sólo unos minutos es que en los Museos se aprende porque ese es su cometido y en el cine no porque esa no es su función, pero como vemos la cosa no está tan clara. ¿Acaso no podría ser que fuera justo al revés, que en los museos no se aprende tanto y sin embargo sí aprendemos y mucho con el cine? Una cosa está clara; el tiempo de contemplación que requiere un cuadro no es el tiempo que reclama para sí el visionado de una película. Y por otra parte, ¿qué tiene el cine que nos hace recurrir a él una y otra vez... mientras lo otro, el ir a un Museo, lo dejamos, si eso, para los domingos por la mañana? ¿O para nuestro próximo viaje turístico?

¿Será porque nos aproximamos más a lo que es una verdadera experiencia estética *strictu sensu* viendo una película, incluso una no muy buena, que viendo montones y montones de cuadros, a los que en el mejor de los casos les dedicamos unos segundos?

Obtener una experiencia vs. Hacer la experiencia (inmersión)

La respuesta a todas estas preguntas se encuentra en la diferencia que va de las expectativas autogeneradas –las que impelen al acto estético– y los resultados obtenidos. En principio, al Museo se va con la posibilidad de *obtener* una experiencia estética y al cine se va a *tener* la experiencia vital a partir de lo estético. O dicho con más precisión: al Museo se va a obtener una experiencia estética y al cine se va a hacer la experiencia. Y es que aquí se encuentra todo el meollo del asunto.

Vemos cine para *hacer la experiencia*, que nada tiene que ver con la predisposición a obtener una experiencia estética. Hay un algo de interés inconcreto en nuestras visitas a los artefactos sitos en un Museo, y hay un algo de incertidumbre inefable en ver películas. La tesis de este texto es que el potencial de la experiencia estética cinematográfica se debe a que esa experiencia se hace durante el visionado en estado de inmersión total y que esa inmersión total viene dada por los analogados y espejados que proyectamos sobre la trama y sus personajes, todos vinculados al deseo. Algo que genera emociones fuertes, como bien saben todos aquellos que lloran en un drama, padecen en un *thriller*, se excitan con la acción o se tapan la cara en una película de terror. Así es como la experiencia que se hace en *el durante* convierte la ficción en una verdad; una verdad subjetiva si se quiere, pero en una verdad. Una verdad vivida vívidamente.

Así, la diferencia es que las películas nos las creemos mientras las vemos,[8] o mejor, las creemos mientras las vivimos, que por eso nos afectan; de otra forma, ya digo, no las *sufriríamos* ni nos afectarían tanto. Las películas nos las creemos espontáneamente, mientras que ante un cuadro comenzamos creyendo lo que la Institución nos dicta (con el "libro de instrucciones"), aunque sólo sea

8. Es decir, que dejan de ser ficción para formar parte de nuestra realidad de forma tan coyuntural como cualquier otra situación que calificamos de real.

debido a la significancia imponente del lugar donde lo vemos.

Así, delante de *un malevich* nos quedan dos opciones, o creer lo que nos dicta el "libro de instrucciones" (la Historia del Arte) o ignorarlo y abandonarnos ante él como nos abandonamos ante/en una película. Por otra parte, sabemos que la verdadera contemplación de un cuadro se da ante el original, esa contemplación que ha hecho necesario un desplazamiento físico. Y sabemos también que en el cine no hay original, que por eso una película puede ser visionada simultáneamente por miles de espectadores. [Otra cosa sería el querer visionar esa película en un cine, pero ese sería otro tema que no afecta al concepto de original/reproducción]

Fíjense: sabemos que el cine (pantalla) son manchas proyectadas o retro-iluminadas bidimensionales con sonidos impostados, detrás de ellas no hay nada; y sabemos que se trata de actores representando una ficción. En realidad "ahí" no hay nada, son manchas que se suceden sobre una pantalla repleta de entornos y avatares. El problema, pues, radica, casi de forma exclusiva, en desconocer el verdadero alcance de la palabra *ficción*; en no saber a qué remite el concepto y por tanto no conocer el poder de su influencia. Se piensa, erróneamente, que la ficción es lo contrario de la realidad y que por tanto la ficción es mentira –y la realidad verdad–, pero la ficción, tal y como demuestra el cine en la experiencia de inmersión que proporciona, forma parte de la misma realidad, la realidad que sucede mientras nos afecta. La pregunta sería, ¿cómo sabiendo nuestro consciente que se trata de una ficción consigue afectarnos tanto? Pues por eso, porque se trata de una verdad, de una verdad en tanto que experiencia vivida vívidamente.

Una verdad no tanto en sentido de verdad epistemológica cuanto verdad entendida como experiencia vivida que además deja su poso (verdad subjetiva). Es decir, nuestro consciente sabe que no es de verdad lo que ocurre en la pantalla con Ricky e Ilsa (*Casablanca*), sin embargo, funciona como verdad incluso a pesar de ese nuestro consciente que claramente queda subsidiado.

Y además porque ante la experiencia de ver cine nos abandonamos, que por eso *hacemos la experiencia*, la que por otra parte deja de lado a nuestro consciente. Verdad subjetiva a la hora de *hacer la experiencia*. Verdad subjetiva, pues, en la contemplación del cine, en el *durante*, (anamnesis). Nos abandonamos a la suma de analogados y espejados –en trama y personajes– porque entra en acción la instancia misma del deseo. Sólo ante el abandono y la enajenación puede producirse el goce, entendiendo ese goce como la emoción intensa –y loca– que desborda la consciencia. De hecho, quienes no se emocionan ante ciertas escenas que sin duda son emocionantes es porque, o bien carecen de la posibilidad de integrar lo simbólico en sus vidas (lo que no da cuenta sino de una patología, lo sabemos), o porque hacen el esfuerzo consciente de despegarse de la trama precisamente para no verse afectados por ella (es como decirse constantemente para no sufrir, *esto es sólo una película...* o como pellizcarse el brazo para sentir menos el dolor de muelas).

En definitiva, sólo puede uno hacer la experiencia a partir del cine si durante el visionado hay abandono y extrañamiento simultáneamente.

La anamnesis y el deseo

Al cine se va a tener una experiencia vital a partir de lo estético/perceptivo, o dicho con más precisión, se va a hacer la experiencia. Ésta sería la tesis que queda confirmada cuando aceptamos que el cine nos afecta. Tanto, que como ya hemos apuntado hay una ingente cantidad de gente que se niega a ver determinadas películas. Observen lo que dice uno de los habituales seguidores de mi canal de análisis de secuencias cinematográficas en youtube.[9] Dice Guillermo Martínez Coello: "Cuándo vi "Leviatán", de Andrei Zvyagintsev, me hice esa pregunta ¿por qué veo cine? ¿Por qué algo tan doloroso puede al mismo tiempo parecerme tan maravilloso?".

Cuando se visita un Museo y se va de cuadro en cuadro, o si lo prefieren de obra en obra, digamos que se obtiene de cada obra un pequeño impacto en el que casi siempre se impone lo intelectual a lo emocional, debido a la racionalización de los conocimientos previos, sobre todo en el arte a partir de las Vanguardias (Duchamp, Rothko, Pollok, Warhol, Beuys, Smithson…), algo que sucede de forma tan inevitable como poco consciente. Si quieren podríamos hablar de la emergencia de una incierta emoción en la contemplación de algunas obras muy puntuales devenida de lo formal, una emoción que muy rara vez alcanza la posibilidad de ser transformativa por débil. Los impactos emocionales provenientes de la contemplación de un cuadro son débiles por muchas razones, entre otras por comparación a los impactos emocionales que muchas veces nos hacen perder pie en pared viendo cine. Lo que no niega en absoluto la posibilidad de la potencia emocional obtenida en la contemplación de un cuadro o una escultura, quede claro.

9. *Cine-Materialismo*, canal de youtube dedicado al análisis de secuencias cinematográficas con el fin de entender la Realidad.

Sin embargo, hay algo que caracteriza la experiencia de ver cine: cada secuencia de una película, incluso cada plano, son momentos que encadenan un antes y un después de forma correlacional. Más allá de la importancia que sobre el espectador contienen otros factores que aquí ya hemos señalado, todos vinculados a la trama y los personajes. Cada momento del visionado se corresponde con lo que Platón llamaba anamnesis, ese momento del presente continuo que se encuentra condicionado por el pasado (en forma de memoria) y que se proyecta hacia un futuro que sólo depende del entendimiento de ese pasado. Y la trama (necesitada de anamnesis), no lo olvidemos, es algo que cada espectador hace suya a partir de un inevitable analogado cargado de proyecciones y espejados. El DESEO.

Inferir e Interferir

Lo específico cinematográfico se encuentra en lo que podríamos denominar "lo inmersivo absoluto" aunque podríamos añadirle para ser más precisos "y extremadamente subjetivador". *Inmersivo* en la medida en que nos abandonamos a historias/relatos que nos son ajenos en el espacio (pueden suceder en Nueva York, Tokio, París), en el tiempo (ambientados en la Edad Media, en el siglo XIX, en los años 50) e incluso ajenos en las propias tramas (la Bolsa, el asesinato, el secuestro, la prostitución). Y *absoluto* en la medida en que no sirve de nada racionalizar la experiencia cuando un sentimiento o emoción nos aborda, nos desborda. Puede que alguien no le dé importancia a lo que significa reír en el cine (entre otras cosas porque lo puede hacer muchas veces al día en circunstancias normales y además gustar de ello), pero seguro que sí se la da a lo que significa llorar (por pena, tristeza o desconsuelo) o sufrir, algo de lo que todo el mundo huye en la vida real. El cine consigue provocar esas intensas emociones y creo que no le damos la importancia que se merece, ni a la primera, reír, que es lo que todo el mundo desea, ni a la segunda, sufrir, que es eso de lo que todo el mundo huye pero que al parecer necesita… por catarsis, introspección, búsqueda del yo, sistema de contrapesos, lógica existencial… recordemos lo que decía nuestro seguidor en redes.

Ese "inmersivo absoluto" es precisamente lo que diferencia el *obtener una experiencia* (impactos perceptivos ante cuadros) del *hacer la experiencia*, la que nos adviene sin que seamos muy conscientes de ello porque en ella andamos perdidos por abandonados (la sensación de plenitud emocionante ante la naturaleza sublime, por ejemplo, no activa nuestra subjetividad en la medida en la que no involucra al deseo; llorar de emoción ante un paisaje o un cuadro no es lo mismo que llorar por desconsuelo ante una escena que vivimos en una proyección dominada en última instancia por el deseo). Porque ese *inmersivo absoluto* no es otra cosa que el conjunto de proyecciones y espejados que, sobre todo en el mejor cine, infieren e interfieren en el espectador.

Diccionario Oxford:

INFERIR:
1. Causar un daño grave, una ofensa o un agravio.

INTERFERIR:
1. Interponerse [una persona o una cosa] en el proceso o desarrollo de algo de manera que lo altere o lo impida.
2. Crear conflicto la coincidencia de [una cosa] con otra.

… y lo hace digamos que de forma inconsciente pero absolutamente real, como un bombardeo de *punctums* encadenados y con un relato al que nos abandonamos. Desde luego que inconsciente porque solo la inconsciencia puede hacernos olvidar que lo que nos está haciendo sufrir en el visionado es sólo un conjunto de simples manchas luminiscentes que emanan de una superficie plana. Ninguno de nosotros es Rick ni Ilsa, pero todos nos emocionamos ante ciertas secuencias de *Casablanca*.

Podría decirse, por resumir, que durante el visionado de una película el sujeto se introduce en una dimensión que le es totalmente ajena (no olvidemos, insisto, que se trata de actores interpretando una trama) y sin embargo y a pesar de todo, se producen proyecciones y espejados que generan emociones y sentimientos que desbordan al propio sujeto. Algo que rara vez sucede en el arte plástico (ya lo hemos dicho, que produce impactos débiles y no transformativos). Algo que tampoco sucede, por ejemplo, en la música; sin duda que cualquiera se puede emocionar ante una pieza musical en el transcurso de *el durante*, pero carece de "la potencia de lo negativo".

Es cierto que alguien puede emocionarse (llorar) ante el *Triple Concierto* de Beethoven (o ante un concierto de los Rolling Stones si lo prefieren) pero nadie sufre en términos dolorosos escuchando música en un auditorio al que acude por voluntad propia (más allá de esas determinadas piezas concretas que pueden generar cierto rechazo debido a los recuerdos que convocan, pecata minuta si hablamos de universales). A mí, el *adaggio* de Albinoni puede provocarme una gran tristeza pero escucharlo no alcanza ni de lejos a la magnitud de los sentimientos que puede provocarme ver una de esas películas que justifican esa frase que reza, *el cine nos afecta y mucho*. De hecho, puedo escuchar ese *adaggio* sin sufrir demasiado y sin embargo acudo siempre con miedo a ver una película de Haneke o de Trier, porque no siempre cuento con el estado de ánimo adecuado. Hay mucha gente que no soporta los dramas, y otra que no soporta el terror, y otra que no soporta la violencia, etc. Y sabemos por qué: Porque además de hacérselo pasar mal (que ya es decir) les dejan "mal cuerpo", expresión perfecta para describir una sensación que va más allá de lo puramente mental.

Lo potencial y la potencia

Por acabar, los productos cinematográficos son artefactos que, realizados a partir de una tecnología, son capaces de generar emociones verdaderas por vívidas y profundas, esto es, por vividas profunda y realmente. Así, con independencia de lo que se espere de cada visionado la experiencia de ver cine se hará en *el durante*, más allá del poso que pueda dejar en el cuerpo (mal –o buen– cuerpo). Pero no tanto a partir de una simple ficción cuanto a partir de la relación directa del visionado con una verdad, esa verdad que se vive como tal desde la subjetividad del individuo en *el durante*. Podríamos expresarlo así: Un espectador conmovido durante una película es un sujeto que ha perdido pie en pared.

Que por eso resulta una barbaridad abordar el hecho cinematográfico desde lo teórico como si se tratara de un simple asunto filosófico puramente objetivo o exclusivamente tecnológico; o como si su análisis pudiera desvincularse del asunto que en última instancia otorga al cine esa potencia tan colosal, la del deseo. Es una barbaridad, entonces, porque ignorando esa potencia se ignoran las causas que pueden explicar esa necesidad de ver cine que tiene el sujeto del hoy más que nunca; la abrumadora oferta no es sino la consecuencia de una demanda enfebrecida. Y no se trata ni mucho menos de pensar por el espectador, o de tener que escucharle, se trata simplemente de contemplar su existencia como parte indisociable del hecho cinematográfico, no olvidemos que un cuadro o una escultura sólo pueden tener un solo destinatario mientras que el cine se caracteriza por una promiscuidad feroz respecto a lo que no deja de ser un original. Cine: conjunto de artefactos estéticos audiovisuales caracterizados por su nivel de pregnancia en la individualidad receptiva del sujeto del hoy; artefactos que en potencia contienen una cierta (nada desdeñable) potencia transformativa que debe a su extrema relación con el DESEO (que inevitablemente contiene como posibilidad la potencia de lo negativo, como hemos apuntado). Y perder pie en pared no sólo significa para el espectador pasarlo mal, significa desestabilización de la consciencia, algo que puede lograr tanto *Stalker* como *La jungla de cristal*, o incluso una concreta secuencia de cualquier película de serie B.

ADDENDA. DE *EL SABOR DE LAS CEREZAS* A *PRETTY WOMAN*, O VICEVERSA

Y la desmesurada intromisión del DESEO en la expectación hace muy difíciles los análisis en general, pero hace imposibles todos aquellos que no lo contemplen, sobre todo si por tener que creer obcecadamente en un *objetivismo estético*[10] se acaba por rechazar el asunto del *pathos* en el espectador genérico por considerarlo demasiado prosaico, mundanista, frívolo… por no decir, vulgar, ignorante… Por no hablar de la condescendencia que esconde

---

10. Por lo que respecta a las formas de la Crítica, habría que señalar la diferencia entre el objetivismo estético entendido desde el punto de vista histórico, que es aquel que cree en la objetividad del juicio estético, que aquí rechazamos, y el objetivismo en tanto que criterio analítico que se ajusta a la materialidad objetiva del objeto de análisis, que así es como aquí lo entendemos, una suerte de objetivismo descriptivo. Otra cosa sería aceptar la existencia de un canon, porque creemos que se trata precisamente, de haber elaborado criterios lo suficientemente excelsos y consensuados como para haber inventado, de forma acreditada, la fascinación por determinados artefactos poéticos.

su posición opuesta, también muy extendida: la del *subjetivismo buenista*, esa suerte de relativismo que no pone condiciones a la expresión del gusto personal considerando que cualquier opinión vale lo mismo en la medida que es expresión legítima del gusto personal. Y nos estamos refiriendo no tanto a escuchar lo que diga ese espectador genérico despersonalizado cuanto a la importancia que para un analista debe tener la asunción del deseo como elemento nuclear de relación entre la toda Obra Fílmica y todo Espectador.

Si el cine produce verdades es precisamente por la relación que se establece entre una ficción y un sentimiento real, o sea, verdadero. Y estamos en condiciones de acabar con otra afirmación controvertida: cuando alrededor de una película se conjuga un número suficiente (y necesario) de verdades subjetivas –expresadas negro sobre blanco– podemos afirmar que esa película contiene una verdad suprasubjetiva, que vendría a ser una suerte de verdad cuasi objetiva. Y entonces estaríamos adentrándonos en el proceloso asunto del canon o clasificación jerárquica que gira en torno a la excelencia.

Para ello resulta absolutamente necesario distinguir la absoluta inconmensurabilidad que existe entre campos o categorías (cine, música, teatro, arte, poesía) y olvidarnos de una vez por todas de esa concepción del Arte perfectamente periclitada, tanto si es griega (idealizadora) como si es hegeliana (idealista).

2. Cine y Arte: 3 premisas a modo de conclusión

Introducción

Cine y Arte. Dos conceptos de uso frecuentes en las formas cotidianas, no tanto en su uso verbal, que también, cuanto en su significación asumida tácitamente en la práctica de las costumbres, sobre todo en el primero de ellos; dos conceptos unidos aquí por una conjunción copulativa.

¿Qué hacer entonces? Es decir, ¿cuáles podrían ser las causas que incitan a alguien a unir esos dos conceptos?

Contemplemos la posibilidad de que una sociedad al completo fuera preguntada por los conceptos de la propuesta. Pues bien, si dejamos al margen la cualificación cultural de los individuos y por tanto hacemos caso omiso a la diversa calidad de sus respuestas (desde la zafiedad hasta la excelencia) podremos afirmar sin temor a equivocarnos que la práctica totalidad de los "encuestados" se defendería bastante bien para definir el primero de los conceptos, el Cine, pero tendría serios problemas con el segundo, el Arte. O por decirlo de una forma que atañe más a los fines de este texto: respecto al Cine emergerían un cúmulo tal de afinidades en las respuestas que nos sería fácil elaborar una especie de conclusión definitoria realista (más allá de la calidad de la terminología). Y usamos el término realista para señalar el carácter laxo y amable que se desprende de esos conceptos cuyo entendimiento se encuentra consensuado tácitamente (en cualquier conversación mundana o no). Lo contrario de los conceptos controvertidos, que contendrían un aroma inquietantemente engañoso. Como le sucede al concepto Arte.

¿Y qué puede tener que ver el Cine, esa disciplina técnico/poética que produce artefactos poético/simbólicos con el Arte, ese concepto que nadie sabe acotar ni definir, o mejor, para el que hay una definición por individuo a pesar de lo que dicte la Institución Arte? Es decir ¿qué tiene que ver una categoría que no necesita distinciones de calidad para admitir todos sus productos (buenos, malos, mejores o peores) dentro del paraguas que abarca el propio concepto de Cine con esa otra categoría que sólo concibe como suyos los productos que señala a través de la Institución que da sentido a la propia categoría –la del Arte?

¿Es lo mismo el Arte que un arte; ser Arte que ser un arte? ¿Qué diferencia el Arte de las artes? ¿Qué sería lo artístico si lo entendemos como categoría?[11]

11. Vamos a distinguir a partir de ahora los conceptos *Arte* escrito con mayúscula y *arte* con minúscula. Con el primero haremos referencia a ese concepto grandilocuente de semántica inescrutable asociado a la condición sagrada de aquello que se señala como tal desde la propia Institución. Y con *arte* haremos referencia al carácter que define a un objeto o una actividad en función de su excelencia. Podremos decir que tal silla, o tal vasija, o tal ilustración, o tal motocicleta son arte porque le asignamos una condición superior respecto a los de su género y especie en atención a un baremo que clasifica por criterios de excelencia. En este caso, más que de Arte estaríamos hablando de condición artística, y es ahí donde podríamos incluir como artísticas ciertas actividades a las que se les presupone esa capacidad de jerarquización respecto a los resultados; se habla entonces del arte de navegar, del arte de cocinar, del arte de diseñar, etc. O como cuando se dice que saber maquillar es un arte, o saber hacer una buena mayonesa, etc. Lo aclararemos más a lo largo del libro porque es en esta diferenciación donde se acumulan la mayoría de malos entendidos respecto al concepto Arte, entre otras porque hay mucha gente que sigue creyendo, no sin cierta dosis de razón, que Arte es sólo lo que hay dentro de los Museos y otra mucha gente que piensa que se trata sólo de aquello que personalmente le ha conmovido. Otra cosa sería hablar de la distinción entre el concepto *Arte* y el concepto *las artes*, asunto sobre el que reflexionaremos más adelante. Pero es lo que nos permite usar el adjetivo artístico a un artefacto cualquiera sin necesidad de sobreentender ningún carácter sagrado en él.

Durante dos siglos fueron las teorías del Arte de Hegel las que forjaron la idea de Arte en todo el mundo occidental y por tanto las que sirvieron para conferir sentido, tanto al mismo producto que representaba esa Idea como a la disciplina que lo justificaba: la Historia del Arte. La Historia del Arte, claro, entendida de una muy concreta y determinada manera, esa que por motivos variopintos muchos necesitan perpetuar:

Así Hegel, por resumir de alguna forma sus extravagantes pero no por ello extraordinariamente influyentes teorías:

"La Historia de la Humanidad forma parte de un proceso progresivo; un ascenso dialéctico de categorías que conducen a lo divino, a su plena autoconsciencia."

"La Historia como despliegue de la mente divina que cobra sentido en la inevitable autorrealización del Espíritu."

"El progreso es la evolución del Espíritu divino que se piensa a sí mismo."

Es decir y por hacer referencia a uno de los aspectos más extendidos de su Sistema aplicado al Arte: el Arte nace como *forma de pasado* sabiendo que ese nacimiento contiene el germen de su defunción debido a un entendimiento evolutivo, diríamos que progresivo, hacia el despliegue del Espíritu. Que es lo mismo que decir que toda producción artística no podrá ser más que un conjunto de síntomas, además pre-determinados por una potencia tan Superior como Abstracta, la del Espíritu. Los artistas son, en este sentido, puros y simples *representantes* de una producción que no podrá ser otra cosa que un conjunto de síntomas. Algo que se ajusta a ese pensar hegeliano que cree que todo está relacionado con todo.

Así, cualquier fragmento de la Historia, en tanto que momento procesual –lineal, evolutivo progresivo– que contiene un fin predeterminado, viene inscrito por, valga la redundancia, un fin Superior Pre-visible: el despliegue del Espíritu, algo parecido a un orgasmo cósmico. Y no es broma.

La verdad es que sabiendo que no es ésta una interpretación ni grotesca ni irónica (aunque sí exageradamente resumida) de lo que ha configurado el panorama del Arte durante 200 años, sólo cabe sonrojarse ante la tremenda influencia que ha ejercido sobre tantos intelectuales y pensadores –sobre todo, y esto es lo más asombroso, de izquierda– a lo largo de 200 años; tanto que aún muchos pensadores o historiadores o investigadores siguen usando las teorías del alemán de forma tan espontánea como inútil. Lo hagan a sabiendas o no. ¡Ay la inercia!

La principal y más perniciosa herencia de esas teorías alemanas hegelianas aún tan en boga es sin duda la de considerar la Historia, en este caso la del Arte, como UNA, así, escrito con mayúsculas y sin percatarse de que esa Historia lleva más de 15 años cerrada por defunción... precisamente por haber sido una y sólo una.

Porque la "voluntad artística" de Riegl y el matiz que incluye respecto a Worringer, la dualidad de conceptos que introduce Wölfflin para hablar de estilo, el psicologismo historicista de Jacob Burckhardt (Historia Cultural), el método iconológico ortodoxo de Aby Warburg, el iconológico heterodoxo de Panofsky, el enfoque personalista de Morelli, el biocéntrico de Huyghe, el psicoanalítico de Otto Kris (de la escuela austriaca), el psicoanalítico postestructuralista de Rosalind Krauss, el sociológico de Francastel, las variaciones marxistas de Hauser, Plejanov, Lukacs, Antal y Argan; todos ellos, todos esos métodos de historiar el Arte (que seguro conocen todos ustedes) no han demostrado ser otra cosa que pequeñas variaciones que han terminado configurando LO MISMO; ¿el qué? Se preguntarán ustedes. Pues eso: la idea de Arte a partir, claro, de la Historia del Arte tal y como la entendió el idealismo alemán hegeliano: la evolución progresiva... y el orgasmo cósmico.

***

Ahora un paréntesis imprescindible por la significancia que tiene de forma implícita en todas las tesis y sub-tesis de este libro:

[Algún pensador tuvo serios ramalazos disidentes respecto a esta forma monocorde de entender la Historia, pero por eso mismo fue menospreciado con las argumentaciones más vagas y confusas de las posibles. De pocos historiadores he oído tantas críticas negativas como las que se han proferido sobre Gombrich, el más antihegeliano de todos... y el menos marxista. Aunque yo llegaría más lejos y afirmaría que toda esas críticas provenían más por su amistad con Hayek y Popper que por sus propias teorías][12]

***

La otra herencia del hegelianismo, yo diría que igual de perniciosa, es la de inocular a los sucesivos usuarios de esas teorías alemanas su aceptación inconsciente y por ello continuista. Es decir, la imponencia de esas teorías alemanas ha sido de tal magnitud que no sólo ha afectado a todos aquellos que no han sabido oponerse a ellas, que son tantos (muchas veces por falta de conocimiento, otras por abandono, otras por ambición y otras por cobardía),

12. En este sentido aquí reivindicamos las figuras de George Steiner y Harold Bloom.

sino que incluso se encuentran adheridas ¡a muchos de los que a ellas creen renunciar!

Y es que: al inicio de la modernidad, y ante la querella de los *Anciens* y los *Modernes*, unos querían ser Ruskin y otros Baudelaire, avanzada la modernidad pocos querían ser Ruskin y muchos Baudelaire (por la cuenta que les traía), en plena modernidad nadie se atrevía a ser Ruskin, y desde hace mucho tiempo los *ruskin* no existen. En cualquier caso, desde 2007 carece de sentido la profesión de historiador de Arte, incluso la de crítico de Arte; sólo queda como posibilidad la de ser curador, esa suerte de profesión que consiste en vestirse de gris y llevar gafas de pasta.

Porque en eso consiste la perversa herencia del Idealismo (hegeliano) en tantos pensadores/críticos/analistas: en abordar el análisis del objeto –presuntamente simbólico/poético– desde los parámetros de una disciplina difunta y por tanto sin objeto. Y da lo mismo que usen el Arte como un *medio*, o sea, presuponiendo el estatus de Arte en el objeto de análisis, que como un *fin*, pretendiendo demostrar esa condición en dicho objeto.

Así, ahora más que nunca, o mejor, ahora por primera vez, carece de sentido preguntarse acerca de las condiciones de posibilidad del Arte, porque ya-no-hay-tal-Arte.[13]

13. La famosa ecuación Arte=Vida propuesta por la falsa conciencia

Carece de sentido preguntarse qué es Arte en la medida en que ese concepto sólo tiene valor historicista o historiográfico (como lo tiene una locomotora de vapor) en tanto que categoría periclitada y por tanto cerrada. Todo lo que nos queda, pues, es la nostalgia y el mercado, pero con un poder muy inferior a Instagram, por decir algo.

En la actualidad preguntarse qué es el Arte o qué es Arte sólo puede dar lugar a discusiones bizantinas ya perfectamente obsoletas. Arte fue lo que fue determinando el Idealismo alemán hegeliano (no Kantiano), y hasta hace unos pocos años no se permitió a nadie salirse de ese Sistema (salvando una corriente filosófica que señalaré más adelante, y que demostró que a veces es peor el remedio que enfermedad). Ahora, sin embargo, lo que no hay es forma de permanecer en él sin hacer el ridículo. Y todo al margen de las posibles implicaciones de las Teorías que abordan el final de la Historia o el final de los Grandes Relatos, que podrán no gustar, pero que no por ello dejan de tener una correspondencia perfecta con esa realidad que ha impuesto la Isovalencia (devenida de la *Deconstrucción*) y la Nueva Moral (*Woke*) como únicas formas de medida.

del *mundo del Arte moderno y contemporáneo* sólo fue posible cuando los integrantes del *mundo del arte* no tuvieron nada que ver con el hecho de que se hiciera realidad a partir de la democratización absoluta devenida de las Redes Sociales.

Pero con todo y con eso, la imponencia del Sistema hegeliano es tan grande que una vez difunto el Arte –por incompetencia misma del Sistema o por incomparecencia de su objeto– la tesitura que deja al analista sólo puede ser dicotómica, a saber y espero que se me entienda: o la de aceptar que hay un cadáver en la sala o la de *hacerle la paja al muerto.*

Premisa 2: Pasado y Presente sin Futuro

En 1995, Félix de Azúa declaraba que el futuro había dejado de existir hacía más de 10 años, o sea, a principios de los 80. No puedo estar más de acuerdo con él, si bien no con las consecuencias que para él se derivaban. Para Azúa, el futuro quedaba monopolizado por la publicidad de los entes financieros y por la propaganda de la administración católica (típico pensamiento posmarxista). Eran otros tiempos los de 1995, aún no había sucedido nada de lo que cambió la mente del ser humano, pero no dejaba de ser curioso que alguien señalara la inexistencia del futuro desde un campo, el del Arte y la Estética, que llevaba 200 años depositando en el Futuro todas sus excéntricas propuestas y justificaciones. Y usando, con el fin de destruir a todos aquellos que se posicionaban en contra de "lo nuevo" (del progreso), argumentos del tipo "ya lo entenderás de aquí a 20 años...". O "de aquí a 100", llegaban a decir algunos respecto a cuándo se entendería. Eran otros tiempos: el Futuro era la garantía del Arte. Seguro que por tratar con objetos sustentados en su relación con el pasado, es decir, con la Historia. En la época de Clement Greenberg ya no había *ruskins* que tuvieran ni medio puñetazo.

En cambio, *ahora* (desde 2007) ya sabemos que no hay futuro más allá de lo tecnológico y la ansiedad correlativa, pero ¿qué pasa con el pasado, desde dónde afrontarlo? ¿Y con el presente, sobre todo, qué hacemos?

Ciertamente todos los *followers* de Hegel –conscientes e o no de serlo– han ido pasando de largo ante las consecuencias que se derivaban de afirmaciones como la que hiciera Wagner en 1860:

"Cada arte tiende a una extensión indefinida de su potencia, esta tendencia le conduce finalmente hasta su límite, pero si traspasa ese límite corre el riesgo de perderse en lo incomprensible, lo raro y lo absurdo".

Más allá del tiempo histórico en que fue pronunciada esta afirmación y más allá de lo que puedan significar esos adjetivos finales para los "feligreses idealistas", lo cierto es que resulta significativa la carencia de pensadores relevantes (influyentes) que hubieran podido engendrar si quiera una duda respecto a las posibles consecuencias de traspasar los límites; dudas, por ejemplo, acerca de lo que confiere la categoría de Arte en Obras de Arte como *Cuadrado negro sobre fondo blanco* de Malevich (o *Cómo explicar arte a una liebre muerta* de Joseph Beuys o *Equivalente VIII* de Carl André, por citar sólo tres ejemplos). Resulta revelador que nadie generara un discurso competente que cuestionara ya no tanto el que ciertas obras fueran Obras de Arte, que también, cuanto el discurso que las justificaba, sobre todo si sabemos que en principio podría tratarse sólo de un documento al que se le asignaba la cualidad de representar el Espíritu de su Época.

El hacer oídos sordos a esta deriva dirigida hacia el absurdo por traspaso de los límites –razonables– sólo ha podido provenir de una Fe Absoluta (sic) en el Idealismo hegeliano, que como era previsible –y como estaba previsto– acabó desbancando la Técnica y el Oficio (talento + excelencia) para imponer la idea de Genio, o lo que monta tanto: el Genio de la Idea (Romanticismo). Porque seamos claros, cuando el Arte abandona la posibilidad de juzgar las obras en base a la excelencia porque el *Arte consiste en la proyección espiritual de un Genio ante la expresión de su Idea* ya no hace falta ningún tipo de aprendizaje, ninguna técnica. Hans Belting lo expresa de manera perfecta cuando dice que el artista conceptual Joseph Kosuth hace de la idea "una obra de pleno derecho".[14]

En este sentido apunta Anne Cauquelin respecto a esa traslación hacia el sentido filosófico que sufre el Arte:

"Este halo de sentido envuelve a artistas y comentaristas, que encuentran de esta forma cómo ubicarse en una continuidad histórica, sin verse obligados a proporcionar los motivos de sus propias elecciones"

Abundemos, haciendo un pequeño paréntesis, en la perplejidad que bajo nuestro punto de vista supone el hecho de que tantos intelectuales hicieran la vista gorda ante lo que pasó con el Arte entre 1960 y 1980, donde los artistas se arrogaron los términos y condiciones de su profesión asumiendo que consistía en: luchar contra los museos, contra el objeto artístico, contra la mercantilización del arte, contra las galerías de arte, contra el concepto de calidad, contra la fama artística, contra el talento, contra la técnica, contra el oficio, contra el pasado, contra el propio arte en definitiva y, claro está, contra la guerra de Vietnam y la intolerancia burguesa, pero siempre, eso sí, defendiendo a Mao Zedong. Eso era para ellos trabajar para el Futuro.

14. Oswald Spengler y Lewis Mumford al desguace.

La explicación de esa carencia de intelectuales sensatos no es tan compleja como pudiera parecer: el virus del Idealismo fue tan mastodóntico que nadie hubiera podido medrar en los respectivos y sucesivos momentos históricos –necesariamente progresivos y progresistas– si sus argumentos hubieran podido ser tachados de reaccionarios (ruskinianos).

Se trata –en definitiva– de aceptar que las cosas no son tan fáciles como nos han hecho creer quienes se tragaron la historieta del despliegue del Espíritu asumiendo que la Historia era una sucesión de acontecimientos que nos conducirían a lo Absoluto. Al Saber Absoluto. Y todo por la ligación del Arte –en su sentido histórico evolutivo– con el orgasmo cósmico.[15] Así, este *cuento* –del Arte– se ha acabado con independencia de que siga habiendo sujetos que insistan en otorgar y repartir a ciertos productos, ya no cualidades artísticas, lo que sería legítimo e incluso apropiado (en base a niveles de excelencia mesurables, si bien no de forma necesariamente consensuada), sino la cualidad máxima, la de Arte. Obsolescencia en puro estado.

15. Algo, por cierto, que las Redes Sociales no se tragaron dejando claro su parecer en un *plis-plas* respecto a las propuestas artísticas. Como claro dejaron las Redes, también, que la cualidad del *Arte*, y también, la cualidad de *lo artístico*, ya no vienen prescritas bajo condicionante institucional alguno; de hecho, fueron las mismas RRSS quienes sin proponérselo democratizaron verdaderamente el arte quitándole la mayúscula.

Así es que ante el posible análisis de un objeto presuntamente poético/simbólico, ya haya sido éste creado en la Era Idealista (1800-2007) o no, nos quedan dos opciones: o la de aplicar teorías que tuvieran su función y legitimidad en la Era Idealista, ya periclitada, o la de acogerse a una nueva forma de pensar y analizar ateniéndose a la inmanencia de cada campo o categoría (cine, teatro, pintura, música…) y considerando el análisis como una propuesta formal materialista (necesariamente bella) realizada con el fin de encontrar argumentos convincentes acerca de la bondad o la excelencia del artefacto poético/simbólico analizado.

Aclaración. Por Teoría se entiende generalmente al *conjunto de proposiciones con valor de construcción*. Si hablamos de teorías del arte en plural lo que hacemos es indicar las continuidades de la labor especulativa en base a la pluralidad, la confrontación y contrastación. De tal forma, *lo teórico* en el Arte como *actividad que construye, transforma o modela un campo*.

Ha habido muchas Teorías (que no sistemas) del Arte a lo largo de estos 200 años, pero si hay algo que las ha caracterizado a todas es la "confusión" que generaba en ellas la distinción entre dos formas de entender el concepto: el *Arte* en tanto que concepto filosófico que tuvo un extraño origen –donde todo lo tuvo, Grecia–, que balbuceó en el Renacimiento y que maduró en el XVIII, y el concepto *artes*, que ha ido englobando diversas y cambiantes disciplinas o campos (poesía, danza, teatro, cine…) que de alguna forma dependían del mismo concepto filosófico.[16]

Sólo en el periodo de las Vanguardias Artísticas pareció solucionarse el problema, al menos de forma más eficaz que Wagner con su Obra de Arte Total. Lo cierto es que parecieron resolverlo separando definitivamente la *techné* del *ars*, conceptos que por significar lo mismo siempre estuvieron unidos antes de la llegada de los románticos que se acogieron a las teorías que favorecían al síntoma en detrimento del saber hacer. Es decir, preponderancia de la Idea (autenticidad) sobre la técnica mundana (Malevich sería un buen ejemplo del resultado de esa disociación).

Ser sumiso al Idealismo reduce drásticamente las posibilidades de conferir sentido al objeto analizado debido a la obsolescencia del razonamiento último que le otorgaba sentido. Fueron precisamente los estertores del Idealismo los que propiciaron la Deconstrucción –ese remedio del que antes hablábamos y del que decíamos que había sido

16. De hecho, tal y como comento en numerosas ocasiones, continúa habiendo una ingente cantidad de pensadores e historiadores que siguen "usando", en su entendimiento del Arte, las categorías y clasificaciones de Platón o Hegel.

incluso peor en tanto que remedio que la propia enfermedad– con su obsesivo desprecio al canon. Y sin canon, es
decir, sin un vademécum de excelencias oficial (aunque
no necesariamente consensuado ni fijo), nada impedirá
que se imponga el nihilismo como forma de vida; o lo que
es lo mismo, nada impedirá convertir la tecnología como
única *forma de futuro*. De hecho, hay quien sólo sabe
luchar contra la deconstrucción a partir de argumentos
idealistas, lo que resulta del todo ineficaz.

Epílogo a modo de Premisa 4:
Finalidades retroactivas

¿Es entonces posible hablar de calidad? ¿Desde dónde?
¿Dónde ubicar el concepto de calidad, o el de excelencia?

La respuesta sería: que con independencia de lo que
dirimamos acerca de su posible ubicación, lo que sí sabemos es dónde no pinta nada; a saber, en las inmediaciones
del Arte. Y que nadie se lleve a engaños, todo aquel que en
el análisis de un objeto –presuntamente simbólico/poéti-
co– sustituya los grados o criterios de excelencia que cada
campo pudiera tener como propios –interseccionados,
cruzados, asociados, disociados…–, por la relación que
pudiera tener ese objeto con el concepto Arte, estará ejer-

ciendo el Idealismo más hegeliano. Le guste o no, lo sepa o no. Es decir, se estará manejando con conceptos obsoletos. [Y fíjense ustedes:] Incluso les pasará a quienes elijan analizar cuadros asumiendo que su campo es la pintura si lo hacen relacionando sus argumentos con el Arte. Es precisamente el concepto Arte lo que deja en punto muerto a todo ese artefacto que en principio no se encuentre vinculado a lo que la Institución ha otorgado, casi de forma exclusiva, a lo plástico (sea estrictamente formal o conceptual).

Sólo añadir que hablar de Cine Arte –estructura sintáctica– sería, o bien una suerte de oxímoron si verdaderamente se cree que son la misma cosa (el Arte es Arte pero el Cine sería también Arte), o bien una suerte de pleonasmo. Como sucede ante las estructuras como las de Teatro Arte o de Música Arte, pero no tanto por lo que asocia los conceptos que pertenecen a campos distintos, autónomos y casi contradictorios, cuanto por la inoperancia del segundo de ellos, ya lo hemos explicado. En todo caso, una conjunción copulativa (Cine y Arte…) sólo tendría sentido en tanto que adición sumatoria, pero siempre y cuando aceptemos que el segundo término no remite a "nada" y que el primero tiene una consistencia colosal, justo al revés de lo que pudiera parecerle a muchos, sobre todo a los idealistas. Otra cosa es que haya gente que esa conjunción copulativa la entienda como una forma de sumisión y de dependencia de lo colosal a la "nada".

Así, cuando decimos que el Teatro no es Arte lo decimos, no porque el Teatro carezca de cualidades indiscutiblemente artísticas –en mayor o menor medida y dependiendo de cada caso–, sino porque el Arte es un concepto que ha perdido todas sus facultades, entre otras la de aglutinar campos con expectativas y expectaciones diferentes. Siendo materialistas podemos afirmar que Teatro es aquello de lo que se habla en las revistas de teatro o en la sección correspondiente del periódico o en la agenda cultural de turno, y Arte sería en todo caso aquello de lo que se habla en las revistas de Arte o en la sección correspondiente del periódico o en la agenda cultural de turno –en el supuesto de que el concepto significara de verdad algo, cosa que aquí ponemos en duda–.[17]

Y así sucesivamente con la Danza, la Música, el Cine o los Cómics. Y aquí es cuando toca distinguir claramente entre la posibilidad de ser Arte en base a un ordenamiento sistémico obsoletísimo y la posibilidad de *ser artístico* (con sus grados de excelencia) en tanto adjetivo que atribuye una serie de cualidades simbólicas o poéticas al obje-

17. De hecho cuando las revistas de contenido plural se deciden a elaborar un número específico sobre Arte jamás hablan de poesía, teatro, música o cine. Tampoco una performance es una obra de teatro.

to, las cualidades que confieren al objeto la susceptibilidad de ser analizado.[18] Análisis que, al menos de forma implícita, no podrán ignorar el concepto de excelencia porque se trata de la única forma de conferir una finalidad –no metafísica– a lo que nació sin ella (aun cuando naciera con toda la buena voluntad).

Durante 200 años hablar de Arte era –ha sido– hablar de una producción que contenía UNA finalidad, la de representar un proceso, el que nos conduciría al Saber Absoluto, que por eso la producción cultural era un conjunto de síntomas –en principio no necesariamente dignos de admiración. Pero si nos olvidamos de la Idea –por otra parte, demostradamente periclitada si no fracasada–, entonces hablamos inevitablemente de artes, y las artes –los artefactos con potencial poético/simbólico– cuando se dan con un grado de excelencia –la que nos puede incitar al análisis– sí tienen una finalidad, si bien no previamente mandatada, esa finalidad que precisamente deben explorar los analistas con el fin de demostrarla, señalarla, de darle forma. Porque será el análisis lo que genere la finalidad. Finalidad que se hallará no tanto en las intenciones o en la voluntad creadora cuanto en la capacidad del mismo análisis por trascender los materiales. Lo veremos aplicado al cine en el último capítulo

18. Ver nota 10

3. Qué no es el cine

El cine no es comunicación, o al menos no lo es de forma relevante –en tanto que artefacto estético, en tanto que artefacto susceptible de ser entendido de forma poética/simbólica–. El cine hace mucho más que comunicar, lo sabemos; una película no es sólo un mensaje que media entre un emisor y un receptor que lo decodifica.

Tras ver una película el receptor de ese mensaje cinematográfico no dice "oído cocina". Nada que ver al menos con lo que se comunica cuando alguien dice *El agua está fría* y el receptor entiende que el agua está fría.

Que nos afecte el cine no mantiene correlación directa y menos aún única con la comunicación. El cine afecta al margen del hecho comunicativo que desde luego puede contener en algún grado. Que por eso afecta incluso a quienes dicen ir al cine a entretenerse. O mejor aún, que por eso sea a ellos a quienes más afecta el cine, porque el cine no es, al menos sólo, comunicación y por eso debe ser algo más que sólo eso. Qué poco daría de sí el cine si se tratara sólo de algo que se agota en el decodificar, en el entender un mensaje.

Situémonos en una secuencia de *Melancolía*, concretamente en esa secuencia extraña (y decimos extraña porque estéticamente se aleja mucho de ese estilo tan característico de cámara al hombro con el que está filmada casi la integridad de la película) en la que a cámara lenta una mujer se mueve de derecha a izquierda con las dificultades que le imprime una especie de traje con raíces que le impiden andar con fluidez. Melancolía, una de las películas más comentadas y citadas de los últimos tiempos... con absoluto merecimiento.

¿Qué decir de esa escena? Difícil, ¿no? Difícil, incluso, para quien ha visto la película. Volveremos después sobre ella; pero veamos ahora la imagen de un cuadro del pintor Jean Dubuffet.

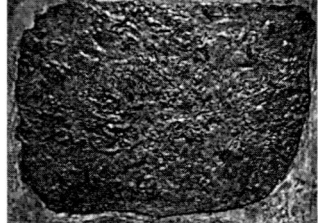

Concretamente este cuadro que se expuso en el IVAM con motivo de una exposición individual.

Más fácil, ¿no? Ya no resulta tan difícil, al menos para quien responde no tanto buscando significados o explicaciones cuanto recurriendo a la mera opinión espontánea. Lo admitamos o no, admirar cuadros y saber qué pensar de ellos tiene más que ver con una respuesta inmediata que con una reflexiva. Porque la mirada se agota antes ante una imagen fija que ante una móvil necesitada de continuidad para el seguimiento de una trama (anamnesis). Toda secuencia cinematográfica se encuentra enclavada dentro de una narración y por tanto mantiene una relación estrecha con el tiempo, con la duración. Y por si esto fuera poco, y como hemos dicho, con la trama.

¿Qué podemos entonces decir de esta secuencia mostrada en la imagen? (De todas formas, tenemos que apuntar que aún hay otras 4 secuencias de este tipo, es decir, filmadas con un estilo preciosista absolutamente opuesto al estilo crispado que normalmente usa Lars von Trier en sus formas narrativas).

Cuando a los espectadores se les conmina a hablar de cuadros lo que suelen hacer es, prácticamente siempre y de forma aplastantemente mayoritaria, dar una opinión; una opinión que además se sustentará sobre los sentimientos supuestamente provocados por la obra, ya saben: *(este cuadro) me produce ternura, paz, turbación, serenidad, ansiedad, angustia, me gusta, no me gusta, me agrada,* etc. En fin, una respuesta exageradamente simple si la comparamos con aquellas que se producen cuando a esos mismos espectadores se le insta a hablar de una película. Lo que no carece ni de lógica ni de una explicación tan coherente como irrefutable: una simple imagen no puede competir en complejidad con un producto que provoca juegos de espejados, analogados e identificaciones que proyectamos conmovidos por la trama y sus personajes, es decir, no puede competir (en complejidad) con un artefacto que acciona el deseo del espectador, tanto el consciente como el inconsciente.

Como ven, aunque queramos enclavar las dos experiencias dentro del mismo paquete de la Estética, en realidad poco se parecen. Esto no quiere decir en absoluto que los cuadros no provoquen ciertas emociones, insistimos, lo que pretendemos es poner de relieve que delante de un cuadro el espectador tenderá a ceñir su comentario al propio gusto –a no ser que le conminen a hacer otra cosa–, pero si le preguntas por una película lo que hará es tratar de explicarla en función de su personal afección (la que habrá dejado un poso que será prácticamente incomparable con el que puede haber dejado, en el mejor de los casos, *Verde sobre morado* de Mark Rothko, o *La estrella matinal* de Joan Miró) y de la particular significación que le otorga.[19]

Nada tienen que ver los efectos estéticos que produce una y otra experiencia. Ante esta apreciación aparentemente intrascendente, o precisamente por eso, por ser aparente, siempre habrá gente que responda: "lo que pasa es que se trata de propuestas estéticas muy distintas la del cine y la del arte plástico" A lo que contestaremos: "por supuesto, que por eso intentamos señalar esas diferencias, tanto de forma como de grado".

Ante el Dubuffet la confrontación resulta más fácil con independencia del gusto personal y sin tener en cuenta los saberes previos; ante *Melancolía*, la confrontación resulta sin duda más fácil con independencia de la opinión personal y sin la necesidad de contar con saberes previos. De ahí la necesaria existencia del "libro de instrucciones" del Arte, que no es otra cosa que la Historia.

Sin embargo, miren lo que dice un experto en Arte (el propio director del Museo que acoge la exposición que él la mismo ha contratado) respecto a Jean Dubuffet; lo que

19. A ese supuesto espectador, preguntado, le será fácil dar una opinión espontánea sobre el cuadro (más o menos timoratamente), pero tendrá incluso serios problemas para hacer una sinopsis de la película en la que confundirá la trama objetiva con la emoción obtenida.

dice en una de esas múltiples intervenciones públicas –mediáticas– a las que accede en tanto que experto.

"Uno de esos artistas que desde sus inicios supo crear un lenguaje personal muy crítico con la cultura dominante y al margen de sus parámetros"

Traduzco: el artista como rebelde, o mejor como revolucionario, que sería más exacto, contra la estética de su tiempo, esa estética para él tan vulgar como errónea. El artista pues como héroe, no olvidemos que lo que persigue todo pretendiente a artista durante la Modernidad es algo que muy poca gente consigue: un lenguaje personal, distinto y que invariablemente se enfrenta con todo el pasado. La tabula rasa constante del Arte de prácticamente todo el siglo XX.[20]

Y continúa:

"al promover la invención singular fuera de los caminos establecidos en el arte, Jean Dubuffet busca constantemente superar los límites acordados, agrietar los esquemas refrendados y proponer otros parámetros de lectura no tan reducidos ni parciales como los mayoritarios"

20. Respecto al uso biográfico del autor a la hora de realizar una crítica (hagiografía): en el Arte resulta absolutamente necesaria para el crítico, en el cine se trataría de un dato perfectamente anecdótico que generalmente no se usa.

Traduzco: La actitud –la noble búsqueda del artista moderno– como suficiente en la justificación de su producto –sobre el que nada se dice.

El producto, pues, sea cual sea como subsidiario a la idea por noble, como secundario ante sus objetivos, que es en ellos donde radica la nobleza, la verdad y sobre todo la autenticidad. La lucha, la lucha contra lo establecido... el héroe de nuevo, pues. ¿Pero qué dice de tal o cuál cuadro? Nada.

Entonces, ¿cómo funciona verdaderamente esa comunicación que exige el experto ante la obra de Dubuffet, la de sobreentender que sus cuadros son necesariamente el producto de las intenciones del artista (¿) cuando *busca constantemente superar los límites acordados, agrietar los esquemas refrendados y proponer otros parámetros de lectura no tan reducidos ni parciales como los mayoritarios*?

Respuesta: pues ejerciendo de intermediario entre el emisor original y primigenio y el destinatario, que no es otro que el espectador.

emisor/pintor->mensaje/cuadro-> receptor/experto//emisor/experto -> mensaje/discurso -> receptor/espectador

Es como si llegara un emisor que, queriendo "superar los límites acordados", emitiera este mensaje para decir que *el agua está fría*:

"Agua sí pero casi /a veces, pues/Alaska, tibio en otras/generalmente inconveniente"

¿Qué pasaría? ¿Cómo lo entendería mi madre, por ejemplo? ¿Cómo entendería ese mensaje de quien lo que quiere es transmitir que *el agua está fría*? Muy probablemente no entendiera nada… a no ser que llegara un intermediario que le dijera; "lo que el emisor quiere transmitirte diciendo "Agua sí pero casi /a veces, pues/Alaska, tibio en otras/generalmente inconveniente" es que *el agua está fría*.

¿Y cuál es resultado habitual en definitiva ante este supuesto acto comunicativo tan basado en el delirio del emisor (si lo que pretende es comunicar)? Pues que mi madre quedaría desconcertada porque habría entendido perfectamente la traducción del intermediario (que se sustenta sobre un supuesto mensaje concreto del emisor)... pero seguiría sin ver claro la relación de ese significado –expresado por el intermediario– con el mensaje original del artista. Y tendría, además, motivos suficientes para sentirse molesta con el emisor primero, sobre todo si después se quema tocando el agua (porque se trataba de un mensaje poético basado en el relativismo del lenguaje). Y todo con independencia de que a mi madre le gustara tomar el té de las 5 con un tipo que se expresara de forma delirante, un artista.

Así, por una parte el receptor (mi madre), que no entendió el mensaje original, por otra el intermediario, que explica ese mensaje original a un receptor, y por otra el artista, ese "héroe". La figura del intermediario, por tanto, como necesaria para simular el hecho comunicacional.[21]

Veamos qué pasa ahora con el cine aprovechando esas escenas de *Melancolía* que precisamente debido a su carácter metafórico resultan más crípticas.

Tenemos a un autor, en este caso el director, un mensaje, la película y un receptor, el espectador.

Decíamos que resultaba difícil decir algo de ella. Y es absolutamente cierto. ¿Podemos juzgar esa secuencia de forma absolutamente libre; podemos analizarla al margen de la trama? Porque de hecho nada tiene que ver, en principio, esa imagen onírica y realizada con la sobriedad de una cámara bien fijada y con unos colores muy elaborados técnicamente con el resto de la película, extremadamente realista gracias a una cámara en perpetuo movimiento. ¿Qué hacemos: la analizamos con independencia o respecto a su contexto? ¿Podríamos entender esta secuencia

21. En cualquier caso, esta forma de entender el Arte a través de un traductor, o mejor, esta forma de entender el Arte (artista héroe: objeto sagrado) no es nueva. Hace más de 200 años que la burguesía sustituyó a la monarquía, la iglesia y la aristocracia en tanto que clientes del arte. Y en vez de disminuir, se acrecentó el sentido de sacralidad.

como la metáfora estilizada de una trama realista al menos por lo que respecta a la trama, los diálogos y situaciones? En cualquier caso da igual, tanto si la analizamos en su contexto como si no, la secuencia está ahí y además con un cierto carácter independiente. Con ese andar costoso, doliente, sufriente, de la protagonista; con las dificultades que imponen unas piernas a las que les cuesta desarraigarse de la tierra.

Tres formas de aproximarse al comentario fílmico textual: La interpretación (hermenéutica), el análisis y la crítica.

De la primera queda poco por decir que no se haya dicho ya en cientos de libros. Más infrecuente resulta el análisis si además lo entendemos desde un punto de vista materialista, es decir, desapasionado, casi descriptivo, en cualquier caso vinculado al psicoanálisis en la medida en la que el texto se explica así mismo en la misma descripción. La crítica sería lo que siempre ha sido, el conjunto de juicios que no pueden dejar de ser valorativos. Todas sirven en la medida en que sean capaces de aportar conocimiento y lo hagan desde la originalidad y a través de formas literarias excelsas.

En la secuencia de *Melancolía* partiríamos de los siguientes aspectos:

-*Interpretación*: es una metáfora del coste que se paga ante la depresión.

-*Análisis* materialista: ¿?

-*Opinión*: una escena que transmite inquietud, pesadez y desesperanza

A mi juicio, es en el análisis materialista donde se encontrarían las verdaderas posibilidades de una nueva (¿) aproximación al artefacto cinematográfico en la medida en la que "lo otro" vendría dado (implicado) por ese análisis si la descripción elegida ha sido lo suficientemente oportuna. Cierto es que la *interpretación* admite variabilidad, pero no es menos cierto que tiende a ser la que produce una cierta lógica; así: "una metáfora del coste que se paga ante la depresión" porque sabemos que la protagonista ha entrado en profunda depresión. Respecto a la *opinión* poco hay que decir en la medida que responde a un sentir personal abonado por demasiadas variables, si bien es cierto que también suele producir consenso (en diverso grado). La dificultad, sin embargo, se encuentra en esa suerte de descripción materialista que proponemos –paradójicamente– y de la que propondremos un ejemplo, además de hablarlo en el próximo capítulo. Respecto a la producción de sentido (y conociendo la película), no sería lo mismo decir que se trata de "una mujer camina con dificultad vestida de novia", que decir que "la mujer protagonista camina, vestida de novia, con dificultad y lentitud extrema debido a un extraño arraigamiento con la tierra, con la naturaleza, y lo hace de derecha a izquierda, contra la lógica –literaria, teatral–, "contra-cronológica" (las agujas de un reloj)". En cualquier caso no se trata de rechazar ninguna aproximación metodológica al artefacto, sino de sugerir que el análisis materialista, (objetivista) es la mejor forma de derivar hacia cualquier conclusión o forma de aproximación.[22]

-*Interpretación*: es una metáfora del coste que se paga ante la depresión.

-*Análisis* materialista: la mujer protagonista camina, vesti-

22. Y entiéndaseme: se trataría de ser muy minucioso y extenso en lo descriptivo; no podríamos conformarnos ni con lo que todo el mundo puede ver ni con las palabras que todo el mundo utilizaría.

da de novia, con dificultad y lentitud extrema debido a un extraño arraigamiento con la tierra, con la naturaleza, y lo hace de derecha a izquierda, contra la lógica –literaria, teatral–, "contra-cronológica" (las agujas de un reloj).

-*Opinión:* una escena que transmite inquietud, pesadez y desesperanza

Como puede observarse, es la mera descripción objetiva la que nos acerca más a una verdadera producción de sentido –de segunda instancia;[23] las otras, la interpretación y la opinión, contienen un cierto aire de *déjà connu.*

Ante el cuadro de Dubuffet, así como ante cualquier obra plástica, apenas habría diferencias entre estos 3 tipos de aproximación al texto. Es más, con mucha probabilidad sólo existirían 2 tipos de aproximación, y la diferencia no se encontraría tanto en el método cuanto en los conocimientos del espectador. Por una parte estaría el conocedor, que tendería a usar los argumentos prescritos por la Historia, demostrando una fe en ella inquebrantable, y por otra el aficionado que no podría hacer otra cosa que hablar de sensaciones y sentimientos.

---

23. El significado de este sintagma lo aclararemos en el capítulo siguiente.

Ejemplo de análisis de una escena de Melancolía aprovechando que ésta se ha elegido para demostrar las diferencias que a nivel perceptivo existen entre un cuadro y un film. Llegaremos a la secuencia ya comentada al final de la escena analizada en este texto que sigue. Se observará que el hecho de haber señalado esas diferencias no elimina la posibilidad de que el arte plástico pueda proporcionar experiencias estéticas intensas, si bien es cierto que su complejidad es menor. Elegimos la escena en la que la protagonista sufre un ataque de ira justo antes de entrar en depresión, y cambia por otros una serie de libros que se encuentran abiertos y expuestos en una librería.

Antes que nada, dos premisas (de los *tratados* a los *manifiestos*):

+Uno de los objetivos del Renacimiento fue dotar de un discurso filosófico y cientificista a ciertas disciplinas hasta entonces consideradas mecánicas. Ciertos artistas idearon los tratados como forma de otorgar enjundia a algunas profesiones gremiales infravaloradas. Se convirtieron en seguida en una forma adecuada de transmisión del conocimiento, sobre todo por lo que hacía referencia a la escultura, la pintura y la arquitectura. En ellos se recogía información proveniente de un conjunto variado de disciplinas, como podían ser, la retórica, la filosofía, la matemática, la anatomía, la botánica, etc. Desde que Leon Battista Alberti escribiera el revolucionario *Sobre la pintura* (*De pictura*) comenzaron a prodigarse esos tratados que, además de proporcionarnos información acerca del cómo son y cómo se perciben las cosas, servían perfectamente para transmitir el conocimiento a futuros artistas y arquitectos. En la era de los tratados los artistas eran gente que se aproximaba a la creación desde la curiosidad que suscitaba tanto lo desconocido como lo por-conocer. No se trataba tanto de saber cómo representar la realidad, que también, cuanto de conocer la realidad representable; es decir, no se trataba tanto de una cuestión de Arte como de una cuestión de Conocimiento.

+Uno de los objetivos, si no "el Objetivo", de todos los movimientos modernos fue acabar con el propio Arte; acabar con la idea de eso que hasta entonces había sido caracterizado como Arte. Así, la Modernidad caracterizó a sus artistas por una suerte de necesidad extravagante que consistía en asesinar aquello que tenía que volver a nacer a través de su megalómano genio. Algo que llevaron a cabo, no tanto con la propia obra artística cuanto con su obra verbal a través de lo que se denominaron manifiestos. Los manifiestos no fueron sino obras literarias creadas con el fin de justificar esa extravagante necesidad (propiamente moderna) que consistía en entender el Arte como algo que debe estar muriendo permanentemente… pero salvado en última instancia, claro, por el espíritu moderno de unos creadores con una desproporcionada fe en sí mismos. Leídos ahora, los manifiestos (del surrealismo, del dadaísmo, del suprematismo, del neoplasticismo, del orfismo, etc.) sirven, "sólo" para justificar esa tendencia necrófila de los *abajo firmantes*; es decir, sirven "sólo" para comprobar la eficacia de esa extendida forma hegeliana de entender la Historia del Arte. Así, en la Modernidad no se trataba tanto de elaborar cosas originales, que también, cuanto de configurar un sentido del Arte ineluctablemente vinculado a la Historia. La Historia sería lo que justificaría esos manifiestos al tiempo que legitimaría el producto nacido –supuestamente– a partir de ellos.

Es en la Ilustración cuando comienza la excéntrica sobrevaloración de lo nuevo. Y después, la Modernidad de las Vanguardias *fijará lo nuevo* como categoría obligatoria. Así, la Modernidad abre una era que se define a sí misma por "oposición a", o sea, por contraposición. Pero no por contraposición a algo, sino por contraposición a todo.[24] La Modernidad se define a partir de su exigencia de *tabula rasa* respecto a todo pasado y exige sincronismo con el presente continuo; esto es: "cualquier cosa" siempre y cuando la cosa no tenga nada que ver con el pasado. O mejor aún: "cualquier cosa" siempre y cuando con ella pueda negarse el pasado.

En efecto, la tradición de toda vanguardia dictaba que el principio motor de la verdadera creación debía consistir en barrer la misma tradición; debía consistir en reinventar el concepto Arte en el presente de cada particular momento histórico; debía consistir en hacer *tabula rasa* respecto al pasado y partir de cero en un viaje hacia el futuro como único garante de compromiso y autenticidad.[25]

La Modernidad, con su palabra, esto es, con sus "manifiestos" no sólo se desentendió de todo pasado sino que además se significó a sí misma como futuro. Y exigió posi-

---

24. "El arte moderno rechaza, en general, la mayoría de los medios de gustar puestos en práctica por los grandes artistas de épocas anteriores". (Apollinaire. Los pintores cubistas, 1913).

25. "1. Repudiamos en la pintura el color como elemento pictórico… 2. Rechazamos en la línea su valor gráfico… 3. Negamos el volumen como forma plástica del espacio…" (Pevsner y Gabo. Extracto del *Manifiesto realista*, 1920).

cionarse en la querella:[26] los modernos serían los liberadores salvadores mientras que los *anciens* serían los reaccionarios condenadores. Así, el Arte de la Modernidad se legitimó por su condición de confrontación, de lucha vinculada a una promesa: la de un futuro mejor. Mientras los antiguos buscaban ejemplaridad los modernos construían utopías. Si en los primeros primaba el conocimiento en base a múltiples categorías, en los segundos *lo nuevo* se imponía como única categoría posible.

De esta forma, durante más de 200 años hemos convivido con una idea del Arte fundamentada en el rechazo hacia lo que el mismo concepto significaba. De hecho, los artistas han tenido que vivir durante casi todo ese periodo con la angustiosa creencia de que todo posible éxito social sólo podría entenderse como una especie de fracaso artístico.[27] Porque en efecto, lo nuevo y lo moderno, entendidos como categorías que debían oponerse a lo tradicional y a lo antiguo, ha sido la forma de entender el Arte duran-

26. *Querelle des Anciens et des Modernes.*
27. La idea de lo nuevo y la de partir de cero presidía el comportamiento moderno. No era sino una forma de rechazo hacia todo lo anterior. Respecto al artista nacido al amparo de esta ideología dicen Charles Rosen y Henri Zerner en su libro *Romanticismo y Realismo*: "Aunque los artistas nunca llegaron a perder la esperanza de un éxito postrero, no cabe duda de que muchos de ellos buscaron voluntariamente el fracaso inmediato, o, si no el fracaso, sí el desaliento y el sobresalto continuo".

te esos 200 años, una forma de entendimiento que sólo podía basarse en el desprecio y el rechazo de lo que hasta entonces iba significando el propio concepto.

Melancolía

Es de sobra conocido el tema de la película *Melancolía* (Lars Von Trier). Un planeta llamado Melancolía se dirige hacia la Tierra. No está clara su trayectoria, pero todo apunta que va a colisionar contra la Tierra ocasionando su total destrucción. La película consta de dos partes claramente diferenciadas: la primera de ellas nos muestra la boda de Justine en un entorno aristocrático y bello. La segunda se centra en la inquietud generada por la aproximación del planeta Melancolía.

Justine se encuentra sumida en un estado depresivo que vemos aflorar al ritmo mismo del proceso que conlleva el rito de la boda. En ese proceso auto-destructivo que lleva a Justine hasta la misma inmovilidad hay una secuencia que merece atención en la medida en que, siendo enigmática, parece ser poseedora de un gran sentido. Después de una reprimenda de su hermana Claire respecto a su comportamiento en la boda, Justine se queda sola en una habitación rodeada de libros de arte que, abiertos en determinadas páginas, se encuentran colocados a modo de exposición. De repente, y como si se encontrara poseída,

Justine se dirige a ellos con el fin de eliminar de su vista las imágenes que muestran esos libros abiertos y sustituirlas por otras imágenes que, suponemos, sí desea ver. La violencia feroz con la que ejecuta este acto resulta sumamente desconcertante por cuanto su comportamiento se dirige, lo sabemos, hacia la "inmovilidad" de la depresión. Además, ejecuta este acto con mucha más convicción que aquel otro llevado a cabo con quien no es ni siquiera capaz de ser un personaje secundario (un hombre con el que hace el amor de forma desapasionada).

¿Qué imágenes son esas que han provocado esa ira previa al letargo hacia el que se ve abocada, ese letargo en el que toda depresión sume? ¿Qué imágenes son esas que ofenden tanto a esa mujer que se encuentra a punto de entrar en estado de *shock*? ¿Qué imágenes son esas que incitan al rechazo violento de Justine? La respuesta, como ya hemos apuntado, se encuentra en el ámbito del arte. Son imágenes de cuadros, pero no de cualesquiera cuadros, sino de esos que provocan la furia de Justine. Se trata, concretamente, de cuadros suprematistas. Así, libros abiertos y expuestos que muestran unas concretas obras de arte que están ahí no tanto en función de un capricho críptico como en función de su representatividad paradigmática. Serían imágenes/cuadros que representan un paradigma: el del arte moderno. De hecho, si hay algo que representa a la perfección la esencia del arte moderno es, precisamente, esa suerte de movimientos identificados con una abstracción primaria: suprematismo, constructivismo, neoplasticismo, orfismo, etc. En este sentido, la inmovilidad de Justine sería la contrapartida de tanto movimiento superfluo.

La Modernidad está construida sobre manifiestos y los manifiestos, leídos ahora, sirven –decíamos–, "sólo" para justificar esa tendencia necrófila de los *abajo firmantes*; es decir, sirven "sólo" para comprobar la eficacia de esa extendida forma hegeliana de entender la Historia del Arte.[28] Por decirlo de otra forma: llegado su *momento de la verdad* a Justine le parecen patéticas esas imágenes que "sólo" son el producto de una megalomanía pretenciosa y despectiva.[29] Llegado el *momento de la verdad*, ese mo-

---

28. Tal afirmación puede resultar excesiva cuando no inaudita, pero la verdad es que los manifiestos de los movimientos modernos son, leídos ahora, de una ingenuidad casi insoportable. Y lo que resulta más significativo: su significancia se encuentra casi exclusivamente vinculada a su valor documental, no a su valor estético. O dicho de otra forma, sirven "sólo" para demostrar que la Historia del Arte no se equivocaba al elegir a los artistas que la debían representar.

29. "Existe creación solamente en los cuadros cuyas formas no toman nada de lo que ha sido creado en la naturaleza, sino que son originadas por masas pictóricas, sin repetir y sin modificar las formas primitivas de los objetos de la naturaleza…" (Malevich. *Del cubismo al suprematismo*, 1915)

mento que siempre termina por llegar, a Justine le parecen indecentes las imágenes que sólo se explican a sí mismas. El *momento de la verdad* es para Justine ese momento en que el fin se hace presente a través de un nihilismo auto-destructivo. Y la autodestrucción individual de la primera parte del film es sólo el anticipo de la destrucción total de la segunda. O mejor, su metáfora. Porque el fin de cada sujeto contiene el fin de la Humanidad. Futuro es, preci-samente, lo que no hay en el *momento de la verdad*. Futuro es lo único que no hay en el fin último.

Ante la amenaza del fin, de su fin (su *momento de la verdad*) Justine no quiere saber nada de promesas.[30] Promesas como las que nos deparó todo el arte moderno; no quiere saber nada de unas imágenes que representan promesas incumplidas, promesas que además se fundaron en el rechazo y el desprecio de todo pasado; promesas que se sustentaban en una obscena superioridad moral.[31] En la desesperación Justine no quiere imágenes que se expli-

---

30. Para Justine, que se encuentra viviendo su particular momento de la verdad, no está del todo claro que el arte pueda ser cualquier cosa por mucho que se presente en nombre de Una Gran Idea, ni tampoco que cualquier cosa sirva para justificar una idea de pro-ceso histórico que nos llevará al Saber Absoluto

31. El arte moderno se impone y sustenta fundamentalmente por sus cualidades morales. Resulta curioso pensar, en este sentido, que en realidad todo alarde de moralidad debe ser considerado obsceno.

quen "sólo" a sí mismas, no quiere abstracciones de forma y color, ni líneas ni colores primarios,[32] quiere imágenes con las que poder especular, quiere imágenes que le ayuden a entender, quiere imágenes que le anclen a la tierra.

La furia con la que Justine sustituye las imágenes suprematistas se encuentra justificada en una doble decepción: la que las asocia al fracaso de las utopías modernas y la que las vincula a la negación de todo pasado. Doble decepción de la Modernidad en un sujeto, Justine, que vive en sus carnes el descreimiento de una posmodernidad autodestructiva. Por eso a Justine le cuesta cada vez más moverse, y si lo hace lo hace en dirección contraria, de derecha a izquierda, esto es, del presente al pasado. Allá donde no hay futuro (como en el mundo de Justine) resultan patéticas las manifestaciones que encuentran su sentido sólo en él.

32. "La nueva plástica… debe encontrar su expresión en la abstracción de toda forma y color, es decir, en la línea recta y en el color primario netamente definido". (Piet Mondrian. *De Stijl* nº 1)

4. Estética y sentido

El Deseo

No podemos olvidar que toda película es un artefacto estético y que por tanto estamos ante un hecho perceptivo complejo; un artefacto estético con potenciales cualidades poéticas determinadas por dos sentidos, la vista (imagen) y el oído (palabra) Conviene ahora recordar las dos características que mejor definen ese artefacto con el fin de afrontar los intereses de este último capítulo, que no son otros que los de averiguar cuál debería ser la función del comentarista[33] cinematográfico.

En primer lugar decimos que lo que distingue el Cine de cualquier otra categoría susceptible de generar artefactos poético-simbólicos es, en primer lugar, la duración, su

---

33. Observará el lector que alternamos el concepto *comentarista* con el de *analista*. En realidad, nos sirven ambos. Y ambos se ofrecen como oposición del de *crítico*.

cualidad procesual, la que convierte el visionado en una experiencia *abductiva* (por cuanto nos atrapa –en– *otra realidad* que nos desborda); una experiencia cautivadora.[34] Y en segundo lugar y en parte como consecuencia de la primera, su capacidad de asaltar al espectador en tanto que sujeto deseante, cualquiera que fuere el nivel en el que se manifieste ese asalto. Así, cautivarlo y asaltarlo, en el orden que ustedes prefieran.

Es precisamente la entrada del DESEO en la ecuación –película, percepción, espectador expectante– lo que relega a un segundo plano el factor técnico-tecnológico, dejando al espectador abandonado a su suerte, la de enfadarse, excitarse, apenarse, divertirse, sufrir, etc., un estado que de alguna forma nos aleja de nuestra consciencia y que produce reacciones incluso fisiológicas. Es más, el motivo por el que los espectadores van tanto al cine es, ya lo hemos señalado, el hecho de olvidar en *el durante* que en esa experiencia que implica sufrimiento, miedo, excitación, enfado etc., se encuentran ante una simple imagen bidimensional que emana de una *cosa* luminosa. De hecho, el que podamos llamar pantalla a esa cosa resulta irrelevante en la experiencia. En realidad, "detrás" de esa

---

34. La diferencia con el Teatro se encontraría en la posibilidad del Cine de mostrar primeros planos y diversos escenarios que confieren más credibilidad a la trama y los personajes.

cosa no hay nada por mucho que lloremos o suframos ante ella. Aunque sí lo haya en la mente del espectador y su relación con la trama, que no con la *cosa*.

La estética

¿No era la estética una forma de conocimiento?, ¿secundario si se quiere, pero una forma de conocimiento al fin y al cabo? Pues esa es la intención de este libro: intentar descifrar por una parte la forma en la que tal conocimiento toma cuerpo en el espectador y por otra encontrar, si quiera provisoriamente, las actuales funciones que debe cumplir el "comentarista cinematográfico", en su relación no tanto con el espectador cuanto con el lector expectante (con ganas de conocer).

Existe una tremenda confusión respecto a cómo deben juzgarse esos artefactos considerados poético/simbólicos. Y la confusión existente entre los conceptos Arte y Estética no ayuda demasiado. De hecho quizá sea ese el principal motivo por el que se siguen intentando dilucidar cuestiones que se encuentran claramente periclitadas o superadas en tanto que problemáticas.[35]

35. Asunto tratado en dos de mis libros: *Del Arte y su obsolescencia* y *Lo patético del Arte*, ambos en la Ed. Casimiro.

La Estética no implica necesariamente el concepto de Arte, y el Arte se desvinculó de la Estética con los primeros movimientos artísticos posmodernos, como muy bien explica Arthur Danto en su famoso libro *Después del fin del arte*. Confusión que quedó evidenciada cuando con motivo del ataque a las Torres Gemelas un director de orquesta "listillo", Karlheinz Stockhausen calificó el incidente como la "obra de arte más grande del mundo". Mostrando una clara confusión entre los conceptos señalados, pues es la Estética lo que le habría permitido calificar ese espectáculo como sublime, pero jamás como artístico. Siendo lo sublime, lo sabemos, una categoría estética que en principio poco o nada tiene que ver con el Arte.

A pesar de todo, la idea de Cine como Arte se encuentra sobreentendida y extendida tanto por el espectador genérico, el mayoritario, como por muchos de los comentaristas profesionales, ya sean críticos, filólogos, antropólogos o filósofos; es algo, por tanto, que se da por supuesto, la mayor parte de las veces de forma implícita o subsumida. Pesa demasiado sobre ellos la confusión que genera el concepto *Arte* y sin embargo nada pesa la observación de lo que ha pasado en estos últimos 20 años.

El sentido

Podríamos citar sin previos a Anne Cauquelin:

"El sentido se produce, no reside en la obra bruta, sino que se construye con el trabajo del que intenta esclarecerlo"

En efecto, todo sentido producido por un artefacto poético/simbólico proviene en una primera instancia del trabajo más o menos espontáneo de desciframiento directo. Lo podríamos llamar "sentido de primera instancia" y se compadecería con el que experimenta el sujeto/espectador en *el durante* del visionado.

Comencemos pues afirmando que el sentido ESTÉTICO de un artefacto poético/artístico (en lo pictórico, lo escultórico, lo fotográfico, lo musical, lo dramatúrgico, lo cinematográfico…) no se encuentra tanto en la obra bruta, que de alguna forma, cuanto en el efecto de sentido que produce, que viene dado por un trabajo espontáneo de avenimiento y desciframiento, una especie de confianza que el espectador deposita en la narración audiovisual asumiendo de forma extrañamente natural la adquirida desencriptación del lenguaje cinematográfico. Una naturalidad devenida de la potencia del deseo, pues es éste el que precisamente ha naturalizado las convenciones.

Este "*efecto de sentido que produce* (el visionado)" provendría de un ejercicio de esclarecimiento y aprehensión que emerge ante un resultado en *el durante*. Así, el sentido se produce "*con el trabajo del que intenta esclarecerlo*".

Ahora bien, esas convenciones que hemos asimilado y que naturalizamos en todo visionado no son sólo el producto de nuestro hábito de ver cine en tanto que espectadores; esa "naturalidad" no deviene sólo de nuestra personal experiencia con el cine. También deviene, y mucho, de todo ese Saber inmenso transmitido a lo largo de la Historia del Cine a través de todos los comentaristas (críticos, cinéfilos, reseñistas, historiadores, académicos, hermeneutas, exegetas) que han hecho más comprensibles las convenciones del lenguaje visual, pero que también han sabido señalar la importancia de las transgresiones, de los delirios, de las extravagancias de tantos directores aportando interpretaciones novedosas, conexiones originales y desciframientos creativos a partir de *cosas que no todo el mundo veía* (y que incluso no tenían por qué ser el reflejo de intenciones autorales); haciendo evolucionar, en definitiva, al Cine en tanto que forma de conocimiento.

Así, tal y como nos enseñaron ya los grandes filósofos del ochocientos, la Estética es una forma de conocimiento secundario y 2 siglos después en el Cine lo es por dos vías: por esa que hemos denominado de "primera instancia", claro, pero también por esa que podríamos denominar de "segunda instancia", la que deviene de ese Saber que muchas veces no tenemos presente por su falta de internalización consciente, o por su falta de concreción coyuntural (en *el durante*). Y ese saber que no todo el mundo puede concretar precisamente por su falta de consciencia al respecto, afecta por igual (pero no en igual grado) a quien gusta de *El caballo de Turín* que a quien gusta de *Fast and Furious*. En realidad es la suma de esas 2 instancias la que conforma el sentido. El Saber es tanto lo que aceptamos saber –o creemos saber– como lo que no sabemos que sabemos.

Así pues, podemos afirmar que no hay sentido estético sin una cierta sofisticación que combina una predisposición personal necesaria dada en todo visionado (por muy *naïf* que sea), y una mediación/intervención sensible devenida de un Saber del que no siempre se tiene consciencia. Ahora bien, si de lo que se trata es de conferirle consciencia a ese Saber porque entendemos que con ello ampliamos de forma considerable los beneficios de la percepción estética (la primera instancia), entonces tendremos que alimentar y promover las dos vías: la del pensamiento personal devenido de la primera instancia, siempre contaminada de la segunda, y la de la mediación textual devenida de todas las lecturas de textos fílmicos, o, en su defecto, de la consciencia lúcida de las aportaciones del Saber.

Dos vías extraordinariamente difíciles de inculcar a esas nuevas generaciones ya plenamente digitales; la primera de ellas debido a la pereza que poseen todos aquellos que creen ir al cine a entretenerse. Además de la ansiedad que provoca la velocidad de consumo que se autoimponen. Y aún cuando pudiéramos centrarnos en todos aquellos que dicen ver cine por otros motivos (supuestamente más nobles), la cosa no variaría mucho en lo que a dificultad se refiere, si bien nos encontraríamos más próximos a la receptividad de propuestas introspectivas que requieren dedicación. Y la segunda, consecuencia de la primera, debido al rechazo frontal que sienten por la lectura de textos que sobrepasen 3 párrafos. Y aquí incluyo, por extraño que pudiera parecer, a los estudiantes especializados en esos asuntos del audiovisual, que por eso advertíamos que la cosa no variaría tanto con los menos *despreocupados*.

Se trataría, en definitiva, de poner empeño en algo para lo que no vamos a encontrar predisposición, pero el mejor aprendizaje se da cuando el docente no hace demasiados cálculos en lo que respecta a las peticiones de sus estudiantes. Si el Cine es, antes que otra cosa, una fuente de Conocimiento, son los docentes quienes deben explicar el cine desde ese parámetro, y los alumnos quienes deben entender que la suma de conocimientos devenidos del Cine, del visionado, de la reflexión, de los análisis (propios y ajenos) es en la actualidad una auténtica forma de Auto-Conocimiento. Y la única forma de vencer esa reticencias, la pereza y la ansiedad, es convenciendo de los beneficios que reporta la intelectualización de actos cotidianos como lo es ver cine, que como hemos visto se trata de un hábito provocado por una necesidad vital. Podría hacerse lo mismo, por ejemplo, con el actual culto al deporte y el cuerpo.

De lo emocional a lo cognitivo

La primera instancia de sentido aún siendo clave desde el propio sujeto espectador no pasa de de ser eso, *un haber sentido*, que no es poco, pero que es menos de lo que puede dar de sí cuando ese *haber sentido* viene amparado por una suerte de Saber más vinculado al auto-conocimiento que a la cultura general; ese saber devenido de "los otros". En este sentido la experiencia es un grado. Quienes como yo[36] comenzamos a ver cine (de Filmoteca) a muy

36. A mi juicio resulta necesario ponerme como ejemplo en la medida en que no conozco de primera mano el pasado de muchos

temprana edad saben de la importancia que tuvieron en la ampliación del sentido (y por tanto del Conocimiento) todas esa lecturas textuales realizadas de forma *a-posteriorística*, así como los *cine-fórums* de la época, tan distintos de los actuales. Y al nutrirse la experiencia perceptiva de multitud de comentaristas que ampliaban el horizonte de sentido convertíamos ese haber sentido en una auténtica fuente de Conocimiento.

El desvelamiento de (un nuevo) sentido a partir de segundas instancias, pues, como actividad elevada en la medida en que resulta humanizadora. Si aceptamos que *el sentido lo es todo* (que no es único, *sino ad-hoc* en el sujeto expectante) porque se trata del máximo garante de una supervivencia humana des-caotizadora (sic), tendremos la obligación moral de otorgar a los buenos textos analíticos el respeto que merecen. A los "buenos", insisto por muy perogrullesco y *naif* que parezca.

Recordemos antes de proseguir los 2 factores que hay que tener presentes ante la experiencia cinematográfica:

1: La confrontación con una película es estética y por tanto se da –se produce– en una experiencia perceptiva;

comentaristas cinematográficos de los que he aprendido tanto. De hecho, veo incluso necesario incluir una especie de curriculum cinéfilo al final del libro para señalar todas mis carencias al respecto.

una experiencia perceptiva basada en una duración (anamnesis) que nos entretiene en la medida que nos impide hacer otras cosas (ver RAE), experiencia, pues a la que nos abandonamos debido a la intromisión del deseo, que infiere e interfiere. Y que es ese abandono al que nos sometemos lo que confiere estatus de verdad (subjetiva) a la experiencia –tanto la vivida en *el durante* como en el poso que deja–; un estatus de verdad que viene determinado por la ficción; un estatuto de verdad, pues sobrevenido a partir de una ficción vivida tan vívidamente como cualquier "otra realidad".

2: La esencia de cualquier artefacto poético/artístico se encuentra extremadamente vinculada a la sucesión correlativa –Historia– de su convenciones narrativas (no tanto técnicas, que también); así, no habría posibilidad de sentir el cine, de conferirle sentido a los films, si no fuera por la asunción y asimilación de todos los análisis que han conducido al cine a ser lo que es tomado en su conjunto: un "lugar mental" en construcción constante, ciertamente normativizado en sus formas narrativas, pero con infinitas posibilidades creativas y con un alta capacidad transformativa sobre los espectadores. Y han sido precisamente los comentaristas, es decir, los generadores de sentido de segunda instancia, los que han ido aportando ese Saber que deviene de haber visto "más cosas" de lo que pudo ver una inmensa mayoría.

Más allá de los directores talentosos, los comentaristas han sido quienes a lo largo de la Historia fueron generando nuevas convenciones perceptivas (Saber) incluso con independencia de la excelencia de las mismas películas analizadas o con independencia de la genialidad de los propios creadores. A ellos les debemos esa racionalizaron (¿) de los artefactos narrativos, algo que con propiedad sólo puede darse un número indeterminado y variable (pero alto) de visionados de los objetos de atención. Así, y por concluir, el buen analista es, sencillamente, quien ayuda a los espectadores a saber por qué se han emocionado, inquietado, ofuscado, etc. O incluso quien les dice por qué se debieron emocionar, ofuscar, disfrutar, etc. Tal como suena. Lo decía Anne Cauquelin, si bien ahora le encontramos un nuevo sentido a sus palabras:

> El sentido se produce, no reside en la obra bruta, sino que se construye con el trabajo del que intenta esclarecerlo.

No es otro el objetivo principal de la hermenéutica que el de entender cómo se entiende. Y no otro el objetivo del análisis materialista (objetivista y subjetivo) que el de esclarecer el sentido de esos artefactos que en nombre del Cine pueden adquirir potencia transformativa.

El analista (*vs.* el crítico)
Materialismo objetivista subjetivo

Así, elaboremos un breve listado que pueda servirnos en la confrontación crítica con el Cine:

1. La función del analista es la de determinar las condiciones materiales por las que "algo" vale la pena. Siendo la clave de esta sencilla propuesta el sintagma *condiciones materiales.* Es cierto que se trata del problema de siempre (Crítica, Academia, Cinefilia... Deconstruccionismo, Posestructuralismo, Marxismo...) respecto a las posibles formas de confrontación con el Cine y ésta no es más que la propuesta enunciada en su forma más condensada. Lo decíamos en la Introducción: un materialismo analítico-textual que se aleje por completo de la Ideología y de la Industria Cultural (Productoras, Premios, Plataformas, Academias, Festivales, gremios y asociaciones de todo pelaje) monopolizada por el pensamiento único de la Corrección Política subsumida por el *Zeitgeist* progresista.

2. La función de un analista no es determinar qué película es una obra de Arte o no, ni siquiera su papel es el de señalar su calidad de forma deíctica, sino, repito, la de determinar y señalar las condiciones materiales por las que "algo" vale la pena, por las que vale la pena "ver" algo. Y siempre relegando a un muy segundo plano el recurso de lo valorativo.

3. Por tanto, la cuestión no es esgrimir juicios que den una razón metafísica al artefacto, sea respecto a una disciplina sagrada, el Arte, sea respecto a un compromiso intelectual, la ideología, sino generar argumentos que señalen y demuestren *lo encomiable* que pueda haber en él. Y hacerlo a través de argumentos convincentes y bellos que capten lectores, esto es, espectadores que quieran estar mejor preparados para ver cine y por tanto mejor predispuestos al Auto-Conocimiento. Sócrates de nuevo, siempre Sócrates. Convencer sin tensión coactiva y por supuesto sin la prepotencia a la que nos tiene acostumbrado la crítica actual, que es la crítica ideologizada de *siempre*.[37] Sólo, pues, a través de la excelencia retórica y literaria adecuada al objeto de atención. Sería como con-

37. Decimos *siempre*, pero, como siempre, hay excepciones, entre ellas la notabilísima *Trama y Fondo*, creada por el insobornable Jesús González Requena de quien tan deudor es este texto y sus ideas.

vencer a la manera de Kant; emitiendo "juicios" que die-
ran cuenta de lo universalmente encomiable que pueda
haber en el artefacto, presuponiendo que los juicios se
emiten de forma desinteresada. Y entrecomillamos juicios
porque no se trataría tanto de eso, de juicios, como de descripciones literales extraordinarias (por su precisión, por
su originalidad y por su excepcional carácter formal); así:
descripciones materialistas extraordinarias enunciadas
por "un yo" único.

4. Con independencia de la metodología aquí propuesta, que es la de no hacer distinciones de calidad en la
materia elegida para ser analizada,[38] lo cierto es que hay
películas buenas, malas, mediocres, mejores, peores,
extraordinarias, raras, inclasificables, etc. Por tanto, nunca
está de más que revisemos constantemente el canon, tan
necesario –e inevitable– como útil, pero con las premisas
metodológicas propuestas por la tesis de este texto, que en
última instancia es la que huye del hecho valorativo deíc-
tico y la que huye del componente ideológico. Y es que, en
efecto, un buen analista sabe que *Los pájaros* es mejor

38. Resulta de suma importancia entender que la metodología no
necesita de las grandes películas para poder llevar a cabo su cometido, que es explicar (y entender mejor) la realidad a través del
Cine, tal y como dejamos claro Samuel Navarro y yo en nuestro
canal de youtube, *Cine-Materialismo*.

película que *Cortina rasgada*, por poner un ejemplo, pero su función no consiste en "decirlo", sino en convertir las propias materialidades de los films en los argumentos reivindicativos. Será el lector quien en última instancia decida ante un texto verbal que no ha tenido que recurrir al hecho valorativo, sino casi sólo descriptivo, es decir, materialista. Y repito, con absoluta independencia de que *Cortina rasgada* pueda merecer (y pueda conseguir) análisis textuales extraordinarios que de igual forma sirvan para generar Saber. Que eso es lo que aquí llamamos *materialismo objetivista subjetivo*. De forma burdamente resumida pero no por ello ineficaz podríamos definir nuestra metodología como esa forma de confrontación con el cine que pone la materia del film (lo que vemos y lo que oímos) por encima de lo que "proyectamos sobre" esa materia. Lo que no quiere de ninguna forma decir que debamos abandonar el yo, entre otras cosas porque, más bien al contrario, resulta tan inevitable como necesario ser plenamente consciente de él.

5. El cine vincula la *expectación* a la *verdad*. Una verdad subjetiva, pero verdad al fin y al cabo, la que se vive vívidamente en la experiencia perceptiva inmersiva que, debido a su potencia, puede llegar a ser transformativa. Así que resulta conveniente ir rechazando lugares comunes

muy propios de la Crítica, como lo es ese en el que macha-conamente se nos dice que los artefactos estéticos están para plantearnos preguntas. No, o por lo menos no en la medida de que no sea eso lo propio del artefacto estético por mucho que nos lo lleven diciendo desde hace casi 200 años los críticos más conformistas (sobre todo en el arte plástico); no, en la medida en la que no forma parte de la esencia del artefacto cinematográfico. Todo en este mundo nos plantea preguntas y todo en este mundo resul-ta interesante. Eso es todo. No es algo privativo de este tipo de artefactos y por tanto no sirve para avanzar en el asunto que nos ocupa. Además, hacerse preguntas no garantiza nada si las preguntas no se encuentran bien for-muladas. Por otra parte, hacerse preguntas *ad-libitum* solo puede engendrar (más) ansiedad y neurosis. Lo que haría falta es analistas que sepan "dar respuesta" a los especta-dores en la medida de la excelencia de sus apreciaciones, no podemos olvidar que estamos hablando de verdades que pueden llegar a ser transformativas.

6. Es decir, y por volver a la Introducción que no era sino un adelanto de este punto.

-Más allá de exigir el conocimiento que deviene de los imprescindibles textos canónicos quizá sea éste el momento de reflexionar acerca de las formas que deberían adoptar los nuevos textos que aborden el hecho cinematográfico, tanto en la Crítica como en la Enseñanza; quizá, a nuestro juicio, más tendentes a un cierto materialismo que se aleje definitivamente de la ideología, o que al menos la desborde con la originalidad del contenido o la excelencia formal (exigencia cada vez más en desuso, más ahora con la irrupción de la I.A.).

En definitiva, nuevos textos que se aborden desde una metodología que podríamos denominar *materialismo objetivista subjetivo*. Y espero me perdonen la fatuidad que pueda emanar de tal propuesta, pero no se me ocurre otra forma de aunar objetividad en tanto que propugna atención –casi sólo– a la materia objetiva del artefacto en cuestión (de ahí el sufijo *ista* entendido más como sustantivo que como adjetivo), y subjetivo en la medida en la que no podemos desprendernos de nuestro yo.

-Un materialismo que posponga *ad-libitum* la apreciación y la evaluación de los films; es decir, un materialismo textual que huya de la adjetivación vinculada –en la medida de lo posible– a la evaluación. Y aquí podríamos hartarnos de ejemplificar acudiendo a todas las revistas y libros de cine (tanto digitales como analógicas), incluidas por supuesto las más afrancesadas.

-Un materialismo que tenga claro que lo personal no es político; un materialismo textual por tanto que enfatice la individualidad del sujeto que se expresa en el análisis. Para ello debemos exigir al analista la cultura cinematográfica necesaria (¿), claro, pero también y más importante, altas cualidades inventivas a partir de la observación minuciosa (originalidad) y excelsas cualidades retóricas.

-Un materialismo que entienda la búsqueda de sentido como el producto de un ejercicio voluntarioso y laborioso que se centre en la materia a partir de múltiples visionados; un materialismo objetivista, pues, que entienda ese ejercicio analítico personal como una propuesta inductiva antes que como una demostración de ideas previas y/o establecidas por una suerte de ceremonia del consenso; en efecto, que sea –deba ser– personal la propuesta analítico/textual es perfectamente compatible con la inducción en tanto que metodología. En definitiva: que la propuesta analítica, cualquiera que pudiera ser, no venga condicionada ni por las modas ni por el hecho de contemplar el artefacto cinematográfico como portador de un mensaje universal. Un materialismo por tanto poco contemporáneo, disruptivo, que se aleje por completo de la Industria Cultural (Productoras, Premios, Plataformas, Academias, Festivales, gremios y asociaciones de todo pelaje) monopolizada por el pensamiento único de la Corrección Política subsumida, insistimos, por el *Zeitgeist* progresista.

-Un materialismo, ya lo hemos dicho, desideologizado. Así que por supuesto despolitizado, es decir, fuera del alcance de los intereses políticos de cualquier partido. Desvinculando todo análisis, tal y como decíamos, del *Zeitgeist* progresista. Y asumiendo que la ideología progresista no es una ideología más, sino que es, guste o no, La Ideología en lo que a Cultura se refiere. Algo que a poco que se observe nadie podrá poner en duda; bastaría con atender a los discursos de las galas de todos los Premios y Festivales de Cine del mundo, a la línea ideológica de todas las asociaciones vinculadas a la Industria Cinematográfica, a la línea ideológica de los films seleccionados en todos los Premios y Festivales; a las sinopsis de las películas más promocionadas de todas las plataformas digitales, a las líneas editoriales de todas las revistas de cine, al tipo de declaraciones bienintencionadas que captan la atención de todos los medios de comunicación, etc. Y es así entre otras cosas porque aquello contra lo que luchan esos verdaderos "propietarios" de la Cultura es, precisamente, contra la no-ideología de una tendencia de pensamiento que no requiere presentarse imbuida de autoridad moral, el Liberalismo. Y no olvidemos que sólo quien se cree poseedor de la Autoridad Moral es capaz de llegar muy lejos en lo que a hipocresía se refiere.[39]

39. En este sentido podemos acudir a la revista *Caimán CdC* (derivada de la famosa *Cahiers du cinéma*) en tanto que ejemplo paradigmático y representativo de cierta ideología que se piensa poseedora de la Autoridad Moral, y en tanto que se encuentra configurada por un equipo con gran influencia y poder en otros medios y eventos tanto populares como especializados (TV y Universidades). Enarbolando el asunto de la Igualdad, la revista dedicó su número 60 (2017) al feminismo; lo llamó "Ellas filman. Nosotras escribimos". Todo el número estaba escrito por mujeres y más allá de la cartelera prescriptiva, sólo se hablaba del cine realizado por mujeres. Incluso se entonaba un "mea culpa" que intentaba tranquilizar sus propias conciencias, pues como se sabe el movimiento *me too* obtuvo su *hashtag* en 2017. 8 años después, en septiembre de 2025 (nº 202), con un equipo editorial formado por 14 varones y 6 mujeres, ante un Gobierno comandado por corruptos y puteros, y con todo el entorno del Presidente imputado por corrupción, la revista decide hacer gala de su moralidad ("No podemos permanecer ajenos al horror") y posicionarse respecto al "genocidio", prometiendo *estar en la lucha* desde su tribuna durante el tiempo que haga falta dedicándole una sección especial. En este mismo número, y como viene siendo habitual se anuncia el famoso Máster de Crítica Cinematográfica, formado, *lógicamente*, por 21 varones y 5 mujeres.

Post Scriptum. El Cine y las ceremonias del consenso: la Batalla Cultural

A propósito de este último punto y dando por hecho que existen dos formas político-ideológicas antagónicas[40] de entender la existencia en el mundo occidental, si quisiéramos conocer el verdadero estado de la cuestión en el Cine no nos haría falta otra cosa que preguntar *qué es el Cine* a los representantes políticos de cada una de las dos facciones. Sólo entonces entenderíamos la relación real que existe entre conceptos no siempre bien entendidos en su relación, Cine, Arte, Industria e ideología.

Por otra parte, el concepto Batalla Cultural es uno de los conceptos más manoseados por quienes dicen estar ganándola en estos últimos tiempos (2020-2025), que

40. Desde luego que hay más posiciones ideológicas, pero ante el nuevo paradigma mental que se lleva forjando desde hace 20 años puede decirse que la lucha ideológica se ha polarizado en dos facciones: la socialdemócrata y la liberal. Por supuesto que con absoluta independencia de los Partidos Políticos que crean representar tales ideologías.

lógicamente son quienes la llevan perdiéndola desde no se sabe cuándo. En efecto, si eso dicen es porque se han sabido perdedores de esa Batalla desde tiempos inconcretos pero lejanos. Lo cierto es que la Cultura ha estado "siempre" en manos de quienes se han autoproclamado progresistas y de quienes se arrogan una autoridad moral fundamentada en un buenismo tan ramplón como infantiloide, por no decir que por ello también nocivo. Un buenismo nacido de la Ilustración siempre dispuesto a gozar del *miserabilismo* corporativista devenido de todos los *dickens* de este mundo.

Y si bien es cierto que algo de razón llevan quienes reivindican la existencia de ese cambio de mentalidad respecto al entendimiento del concepto Cultura (ciertamente hay signos de cambio), no es menos cierto que hay más voluntarismo que sentido de realidad.[41] Y mucha confusión por parte de los rezagados, que siguen relegando los asuntos de la *superestructura* a un segundo plano, mientras que los progresistas sólo se preocupan por esos asuntos, hasta el punto de desatender lo que debiera ser –desde sus propios principios– su objetivo primordial, la *infraestructura*. De hecho y bien mirado, lo que más conviene a

41. Aquí hacemos hincapié en la diferencia que media entre *Batalla de las Ideas* y *Batalla Cultural*. Posiblemente se esté produciendo un cambio en lo que respecta al primer sintagma, pero desde luego no en lo que respecta al segundo.

estos últimos es que la *infraestructura* esté hecha unos zorros para poder proclamar –a través de todos sus controlados terminales de la *superestructura*–, sus buenas intenciones, que no son otras que las de tener una mejor… *infraestructura* (sic).

No hay más que echar un vistazo serio al contenido y a los que se erigen representantes de la Cultura en las materias que más y mejor la representan: el cómic, la ilustración, el teatro, la música, el arte y sobre todo el cine, para saber quiénes son los verdaderos "propietarios" de la *Cultura*. No hay que desdeñar la relación existente entre quienes reivindican las subvenciones como fuente de financiación y quienes las reciben. Y nada de casual tiene que, respecto a la potencia de la transmisión ideológica, sea el Cine quien se lleve tres cuartas partes de la totalidad de las *subvenciones culturales*.[42]

42. Una Orden del Ministerio de Cultura, firmada por el ministro Ernest Urtasun y a la que tuvo acceso *El Debate*, aprueba la actualización para el año 2025 del Plan Estratégico de subvenciones 2024-2026. El ministerio tiene proyectado, según explicó Miguel Pérez Pichel en *El Debate*, dedicar 385.365.032 de euros en dos años. Esta cantidad implica el 81,01 % del total de subvenciones, que alcanza la cifra de 475.726.817 de euros. Se mencionó antes la revista *Caimán Cdc* como ejemplo de lo que no resultaba tan ejemplar. Y acabamos de mencionar lo poco casual del reparto de las subvenciones del Ministerio. Pues bien, la revista *Caimán CdC* fue considerada, en 2024 desde el Observatorio de Cultura (com-

En cualquier caso y como simple ejemplo de lo dicho, bastaría ver los estatutos de los cientos de acrónimos que se han erigido en nombre de la Cultura en general y de la Cinematográfica en particular con el fin de exigir más ayudas públicas a la Administración, para reconocer la tendencia ideológica de los verdaderos "propietarios" de la Cultura. De botón sirvan dos significativos textos mediáticos publicados en la Comunidad Valenciana, uno como noticia y el otro como programa oficial. Ambos podrían extrapolarse a cualquier otra comunidad. [El segundo lo he traducido del Valenciano, lo que ya de por sí resulta significativo, y las negritas no son mías. Recomiendo leerlo con la calma que merece].

1

Una veintena de asociaciones profesionales de la Comunidad piden "un cambio de rumbo" en las políticas culturales

puesto por más de mil profesionales), la publicación cultural más valorada e influyente de España (después de los suplementos culturales). Podría escribirse mucho sobre la línea editorial de la revista, pero lo dejo al albur de la curiosidad de los lectores.

Las asociaciones aspiran a sentar las bases de una futura Plataforma Valenciana de la Cultura que sea "profesionalizada y realmente representativa" del sector.

Álvaro Devís. Publicado: 16/05/2025

VALÈNCIA. Del 5 al 8 de mayo, en Octubre Centro de Cultura Contemporánea (**OCCC**) de Valencia acogió las Jornadas *Escuchemos a la cultura* un encuentro impulsado por **Acció Cultural del País Valencià** (**ACPV**) para fomentar el diálogo entre profesionales del ámbito cultural valenciano. El acto culminó con la presentación de un **manifiesto conjunto** en el que una veintena de asociaciones del sector reclaman un "cambio de rumbo" en las políticas culturales y la creación de una plataforma unitaria.

El documento, elaborado de forma colectiva por entidades vinculadas a las artes escénicas, la música, el audiovisual, las artes visuales, la gestión cultural y el periodismo cultural, reivindica el papel central de la cultura como derecho fundamental y herramienta de transformación social. "La cultura es expresión, memoria, identidad, pensamiento crítico y convivencia", afirman.

El manifiesto articula las demandas en siete ejes principales: el reconocimiento de los derechos culturales de la ciudadanía; la dignificación laboral de los profesionales; una política cultural valenciana inclusiva y con visión de futuro; el reconocimiento del papel transformador de la cultura; el fomento del valenciano como vehículo de comunicación cultural; la coordinación del sector mediante una plataforma estable; y la promoción de una cultura igualitaria con perspectiva de género.

Entre las propuestas concretas destaca la necesidad de impulsar una **Ley de Derechos Culturales** y el desarrollo efectivo de la **Ley de Enseñanzas Artísticas**. También se reclama la creación de estudios universitarios específicos para la gestión cultural y una financiación estable para la producción, mediación y formación.

"El sector cultural ha sido demasiado a menudo menospreciado, precarizado e invisibilizado", denuncian las entidades firmantes, que advierten que son necesarias políticas públicas valientes para garantizar la sostenibilidad y continuidad del tejido cultural valenciano.

Hacia una plataforma representativa y transversal

Con esta declaración, las asociaciones aspiran a sentar las bases de una futura **Plataforma Valenciana de la Cultura** que sea "profesionalizada y realmente representativa" del sector. La propuesta busca generar un espacio de trabajo común que permita compartir recursos, defender intereses colectivos y reforzar la incidencia política.

Las organizaciones que han suscrito el manifiesto se encuentran entidades son Col·lectiu Músics de Jazz de la Comunitat Valenciana (**CMJazzCV**), Col·lectiu Ovidi Montllor de Músiques del País Valencià (**COM**), Federació d´Espais Teatrals Independents (**FETI**), Associació Valenciana de Crítics d'Art (**AVCA**), Associació de professionals del Circ de la Comunitat Valenciana (**APCCV**), Valencian Music Association (**VAM**), Artistes Visuals de València, Alacant i Castelló (**AVVAC**), Associació de Distribuïdores i Distribuïdors Valencians d´Arts Escèniques i Música (**ADVAEM**), Actrius i Actors Professionals Valencians (**AAPV**), Associació de Creadors i Creadores d'Arts Escèniques Valencianes (**Comité Escèniques**), Col·lectiu de Professionals de Doblatge (**CPD**), Associació Valenciana d´Empreses d´Arts Escèniques (**AVETID**), Associació Valenciana d'Escriptores i Escriptors de Teatre (**AVEET**), Associació Valenciana d'Empreses Culturals i d'Oci Educatiu (**AVECOE**), Músics Comunitat Valenciana (**AMPE**), Associació Valenciana d'Empreses de Dansa (**AVED**), Gestió Cultural. Associació Valenciana de Pro-fessionals de la Cultura (**GC**), Associació de Professionals de la Dansa de la Comunitat Valenciana (**APDCV**), Associació de Professionals de les Arts Escèniques de les Comarques de Castelló (**PROART**), Unión Internacional de la

Marioneta - País Valencià (**UNIMA**), y Professionals del Teatre d'Alacant (**PROTEA**).

"Sin cultura, no hay futuro", es el llamamiento final a las instituciones públicas, a los medios de comunicación y a la sociedad valenciana.

2

Comenzamos las jornadas 'Escuchemos a la Cultura' con más de 60 profesionales que debaten sobre el futuro del sector (5 mayo, 2025)

Una iniciativa impulsada por el Ministerio de Cultura y la Academia de Cine, con el soporte de la AVAV y la AAPV, y la colaboración de EDAV, Comité de Escénicas, CIMA CV, AVEET, ADVAEM, APCCV, APDCV, AVETID, FEVIM, AGCPV y VAMUOF. La propuesta organizada per ACPV busca reforzar la industria cultural profesional. Desde el lunes día 5 de mayo hasta el jueves día 8 se celebran en el OCCC, en sesiones de mañana y tarde, las jornadas "Escuchemos a la Cultura" con los diferentes sectores culturales profesionales, con el fin de debatir acerca del estado actual del sector cultural valenciano y proponer medidas de mejora. Hoy día 5 de mayo, de mañana, tiene lugar la mesa en torno a las artes escénicas, con la participación de la totalidad de asociaciones profesionales del sector. Coordinada per JoanFra Rozaleny, socio de Avetid, productor y gerente de la Compañía La DEPENDENT de Alcoi, cuenta con la presencia de Carme María Serrano, de la Junta directiva de PROART y de GC; María Almudéver, presidenta de la AAPV; Benja Domènech, programador cultural de Silla, representante del CCV y miembro de GC; María Colomer, presidenta de la APCCV; Kika Garcelán, creadora y representante de COMITÉ ESCÈNIQUES y Pere Bodí, representante APDCV, entre otras.

A lo largo de las jornadas "Escuchemos a la Cultura", se tratarán temas como la falta de ayudas al sector, el estado del Circuito Cultural Valenciano, la ausencia de un Plan de Cultura Autonómico, la falta de producciones públicas y se repasarán las medidas urgentes para el sector que se plantearon. También se quiere incidir en el establecimiento de un Código de Buenas Prácticas para el sector y establecer complicidades con los públicos.

Por la tarde se celebrará la sesión relativa a la música, coordinada por Isa Monzón y donde participan Vicent Colonques, productor y director musical; Isabel Latorre, compositora; May Ibañez, Project Manager de la Valencian Music Office; Pau Alabajos, representante del COM; Rafa Jordán, secretario de MusicaProCV, así como destacados profesionales como Armand Llàcer, director de la Valencian Music Office; Pedro Rodríguez de ASVEM; el compositor y músico José Luis Galiana; Francisco Blanco, "Latino" de. Sedajazz; Isabel Vilagar de AMPE-UGT y Joan Enric Lluna, de la Plataforma Valenciana de la Música, entre otros.

El martes 6 por la mañana es el turno del sector audiovisual con la participación de Àlvar Peris, profesor de Audiovisual y miembro del Consejo Audiovisual de la Comunidad Valenciana; Teresa Cebrián, presidenta de la Academia Valenciana del Audiovisual; Rosana Pastor del CVC; Jordi Ballester, representante de l'AAPV; María Abad, miembro de CIMA; Carlos Madrid, director de Cinema Joven y los directores Vicent Monsonís, Rafa Molés y Giovanna Ribes.

Miércoles 7 por la mañana se tratarán temas propios de de la gestión cultural, coordinados por Amanda Díaz, gestora cultural y con la intervención de Francis López, miembro de GC, jefe de Cultura del Ayuntamiento de Aldaya y directora del TAMA; Teresa Boix, gestora cultural, directora de Feets Gestió Cultural, representante del AVECOE; Ruben Pitarch, gerente de ACPV; Roberto Campos, gestor cultural en ASVEM, miembro de la Comisión de Profesionalización de la FEAGC y Francesc Burgos, director del Teatro del Raval y de la Casa Calba de Gandía.

Por la tarde del día 7 habrá un debate sobre el periodismo cultural, coordinado por Álvaro Devís en donde participan Xavier Aliaga, periodista cultural de El Temps; Voro Contreras, periodista cultural de Levante- EMV y Sandra Sancho, comunicadora de proyectos culturales de la agencia La Visible.

La mañana del día 8 estará dedicada a las artes visuales, que, con la participación de Xelo Bosch, Coordinadora general de la AVVAC, reúne expertos como Concha Ros, artista y gestora cultural; Juanma Pérez, perito de obras de arte, conservación y restauración; Agueda Forés, directora gerente de APIV y Mónica del Rey Jordá, representante de MAV, Mujeres en las Artes Visuales; así como del artista Joan Olivares y de Reyes Martínez, nueva presidenta de LAVAC.

Las jornadas finalizarán el día 8 por la tarde con la lectura de las conclusiones y la propuesta de la constitución de una Plataforma de la Cultura Valenciana, que apoya el uso social del valenciano, imprescindible en contextos de lenguas minoritarias, y en un momento de retroceso del uso y del abandono de la lengua y de la cultura propia por parte de las instituciones.

Antes del acto de clausura por parte de Anna Oliver, presidenta de ACPV, el profesor Pau Rausell, del Departamento de Economía Aplicada de la Universidad de Valencia y director del Área de Búsqueda en Economía de la Cultura y Turismo (Econcult) pondrá en contexto el sector con un análisis de su estructura económica y propondrá claves para su desarrollo.

A ver ahora qué liberal se atreve a decir que la Batalla Cultural está siendo revertida a su favor. No hay más que atender a la frase del penúltimo párrafo que viene después de la enumeración de todas las asociaciones, que por lo visto necesitan refuerzos:

Las jornadas finalizarán el día 8 por la tarde con la lectura de las conclusiones y la propuesta de la constitución de una Plataforma de la Cultura Valenciana.

¿Le ponemos ya el acrónimo?

Ahora bien, no podemos ignorar que estas noticias/ manifiestos se están dando con un Gobierno Autonómico digamos que de derecha (sic), y aunque el hambre de las Asociaciones Culturales es insaciable, no es menos cierto que se aminora un poco cuando los gobernantes son de su cuerda. De hecho, los gremios y asociaciones nacionales del ramo se muestran ahora (2025) mucho más preocupados con el asunto de Gaza que con la precariedad del sector. Del que nada dicen. Como nada dicen de la corrupción de los máximos dirigentes políticos de un Gobierno que lleva años sobreviviendo sin Presupuestos Generales del Estado, con la inestimable ayuda de una banda de criminales y arrodillado ante las exigencias políticas de un fugado de la Justicia.

No sé qué día es hoy, quiero decir, no importa el día que sea hoy, pero ha sido hoy cuando aquí, en la Comunidad Valenciana, ha salido publicada esta noticia en el periódico de mayor tirada: "Actores y actrices denuncian su precariedad al final de cada función". Y el texto responde perfectamente al titular; así, se ha creado un manifiesto que los actores leen al final de cada función. Lo interesante sería leerlo al completo para conocer realmente la potencia que poseen los verdaderos "propietarios" de la Cultura, pero nos conformaremos con algunos fragmentos:

El manifiesto denuncia la precariedad creciente del sector: circuitos escénicos que se reducen, presupuestos menguantes, ausencia de producciones públicas y un apoyo insuficiente a la lengua propia […] El mensaje es claro: si no se garantiza el acceso a una cultura diversa y accesible, no sólo peligra la supervivencia de las compañías valencianas, sino el propio tejido social. "Si la cultura desaparece, desaparecemos como sociedad" […] No sólo ofrecen espectáculo: recuerdan que la cultura es un derecho, no un lujo, y que su defensa concierne a la sociedad en general y a la administración en particular.

No sé a qué día estamos hoy ni falta que hace, pero sí sé que tan solo hace unos meses sucedieron dos acontecimientos que requirieron la ayuda inmediata de un Estado que estuvo silbando mientras cientos de ciudadanos morían o perdían todo lo que tenían en sus vidas. La riada de Valencia y los incendios en el norte de la península no recibieron ayuda real hasta pasados los primeros días (lo sé de primera mano porque lo viví), que son, siempre, los que más daño causan en la ciudadanía y el entorno. El desamparo al que fue sometida la ciudadanía afectada fue total y absoluto, además de flagrante e inaceptable. Así que no sé qué día es hoy y no importa, pero ha sido hoy cuando me he encontrado el vídeo de un actor muy conocido que por internet expresaba su pesar:

"Hola, soy X y mi pregunta es: ¿no se dan cuenta los gobiernos democráticos que con esta inacción con el tema del genocidio de Gaza están sembrando generaciones de personas que no van a creer nunca más en la política? ¿Se dan cuenta de lo peligroso que es que la gente no crea en la política y en un sistema democrático regido por normas? Bueno, si tienes una pregunta para tu gobierno o los gobiernos en general que están siendo cómplices de esta masacre hazla con el hashtag #accionesya y etiqueta a @artistasconpalestina."

Con un Estado claramente ineficaz y absolutamente inepto en los momentos en los que más se le necesita, sin Presupuestos Generales del Estado, con el paro juvenil más alto de Europa, con Fiscal General en el banquillo de los acusados, un Secretario de Organización del partido en la cárcel, con media familia del Presidente imputada, con medio Gobierno imputado cuando a la espera de serlo y con unos jóvenes sin futuro habitacional, al actor famoso sólo se le ocurre pensar que el descreimiento en lo político de esos jóvenes puede provenir de la actitud de unos gobernantes que no solucionan un problema que, además de encontrarse a 3.000 kilómetros y tener difícil solución depende, en todo caso, de muchos factores y muchos países que están en el verdadero ajo del problema. Pues bien, éste es un perfecto representante de lo que aquí denominamos *"Propietarios" de la Cultura*, que son los que controlan y dominan las ceremonias del consenso.

Una vida no da para mucho en lo que respecta al tiempo que uno puede dedicarle al cine, sobre todo cuando no es a eso a lo que uno se ha dedicado como forma sustancial de vida. Pero no está de más que, tratándose del tema que nos ha ocupado en todo el libro, uno haga análisis de conciencia (sic) y se acuerde de todas sus carencias, es decir, de todo aquel cine que por lo que sea no ha podido ver.

Comenzó la verdadera afición al cine en el colegio junto con dos compañeros de clase con los que compartí sesiones y lecturas. Uno de ellos, concretamente el que más dinero tenía, compraba la revista *Dirigido por* y la leíamos los 3. De hecho, este amigo las amaba tanto que al final del año las encuadernaba en piel (yo conservo uno de esos tomos). Y he usado el término *verdadero* porque en realidad tuve un padre que colaboró durante toda la infancia de mi hermano y mía en la necesaria liberación de mi santa madre sacándonos de casa todos los sábados y domingos para ver cine de sesiones triples (Cine Aliatar, Cine Price, Cine Musical, Cine Merp, Cine Imperial, Cine Metropol…). Un padre que compraba la *Cartelera Turia* todas las semanas y en cuyas reseñas me fui formando. Aún conservo los 100 primeros números de esa cartelera. Toda una joya. Con 14 o 15 años, la cosa estaba, por el ímpetu adolescente, en ir a ver películas cuya calificación moral fuera 3R o 4. O sea, 3 con reparos, que señalaba el peligro y 4, que señalaba la perversión. El equivalente a uno y dos rombos en televisión.

Pero volvamos a finales de los 70. Los 3 amigos (tendríamos alrededor de 17 años) nos compramos un bono de la Filmoteca a la que acudíamos entre 2 y 3 veces a la semana. Esos bonos de cartulina con líneas de puntos que permitían cortar 10 fragmentos del ticket. Ahí sí fue donde se produjo el verdadero anclaje por lo cinematográfico. Vimos ciclos enteros dedicados a todo tipo de cineastas: Kurosawa, Aldrich, Herzog, Ford, Wenders, Tanner, Huston, Sturges, Walsh, Schlondorf, Angelopoulos, Wilder, Wajda, Fassbinder y un largo etc. En cualquier caso, la revelación se produjo ante dos películas de muy distinto linaje: *Carretera asfaltada en dos direcciones* de Monte Hellman y *Roma* de Fellini. Con la primera descubrí el cine independiente, es decir, el cine que se hacía al margen de la Gran Industria (otro *tempo*, otros presupuestos), con la segunda descubrí la extravagancia y el tipo de cine con el que me iba a identificar toda la vida. Podría decirse que la combinación de ambos estilos forjaron el carácter y la personalidad de uno en materia audiovisual, esa materia que, como ha quedado claro, es una fuente de conocimiento. También resultó significativa en mi vida la experiencia de ver a temprana edad la película *El quinto sello* (*Quinto*).

Después todo vino rodado y no siempre en el orden que me hubiera gustado, al menos viendo las cosas retrospectivamente. No mucho más allá de esas mismas fechas, que es donde realmente se produjo la avalancha de información (1977-1985), decidí que *El extraño viaje* y *La caza* iban a ser las mejores películas de todo el cine español. Sabia decisión de la que no me arrepiento a día de hoy. Por no extenderme en asuntos del gusto personal seré breve: Godard nunca me gustó, pero me gustaban Lelouch, Tavernier, Chabrol, y adoraba a Blier, al Polanski francés y por supuesto a Truffaut, del que 2 películas bien distintas me dejaron profunda huella: *El hombre que amaba a las mujeres* y *La habitación verde*; Rohmer nunca me gustó pero quedé prendado del *estilo Tanner*. Fassbbinder me cargaba, pero el Free Cinema fue todo un descubrimiento. Y la comedia italiana de Comencini y Risi. Etc.

Unos 2 años más tarde, esto es, sobre 1980 y cuando ya sólo quedábamos dos de los tres amigos adictos, descubrimos los Cines Alphaville en Madrid. Y allí que nos íbamos en tren a descubrir cineastas como Jarmusch, Rudolph o el mismo Tarantino. No sé cuántas películas llegué ver allí pero desde luego no pocas porque había sábados que nos metíamos en 2 sesiones. Por aquel entonces desconocía uno todo el cine mexicano de Buñuel, todo Bergman, todo Tarkowsky y todo Antonioni. Siempre me he preguntado lo que hubiera pensado yo de toda esa filmografía si la hubiera visto en la veintena y no en la treintena que es cuando la vi. Y no me contesto porque le tengo miedo a la respuesta. Al igual que me pasa con mi tardío descubrimiento de Kiarostami, Kaurismäki o Tarr. Más tarde se convirtieron todos ellos, junto con Lynch, en mis referentes cinematográficos desde el punto de vista creativo y vi sus películas en numerosas ocasiones. El caso es que los descubrí tardíamente.

Todo lo que queda es todo lo demás, lo que ya carece de importancia en la medida que se encuentra muy lejano de aquellos momentos en los que uno vivía el cine con emoción y desenfreno. Es muy probable que mi afición al cine haya aumentado desde los 90, pero mi forma de confrontarme a él carece de la ciega pasión. No por ello deja uno de interesarse vivamente por todo lo que hace referencia al cine. De hecho sigo viendo películas a diario. Pienso que la gran pérdida de estos últimos años ha sido la desaparición de Lynch y Kiarostami, y que quedan vivos aún 3 monstruos sagrados del Cine: Haneke, Lars von Trier y Tarr. Y que hay un sinfín de buenos directores: Bi Gan, Zvyagintsev, Roy Anderson, Ming-Liang, Kaurismäki, Seidl, Guerin, los Coen, Tarantino, Glawogger, Bilge Ceylan, Allen, Jarmusch, Hadzihalilovic…